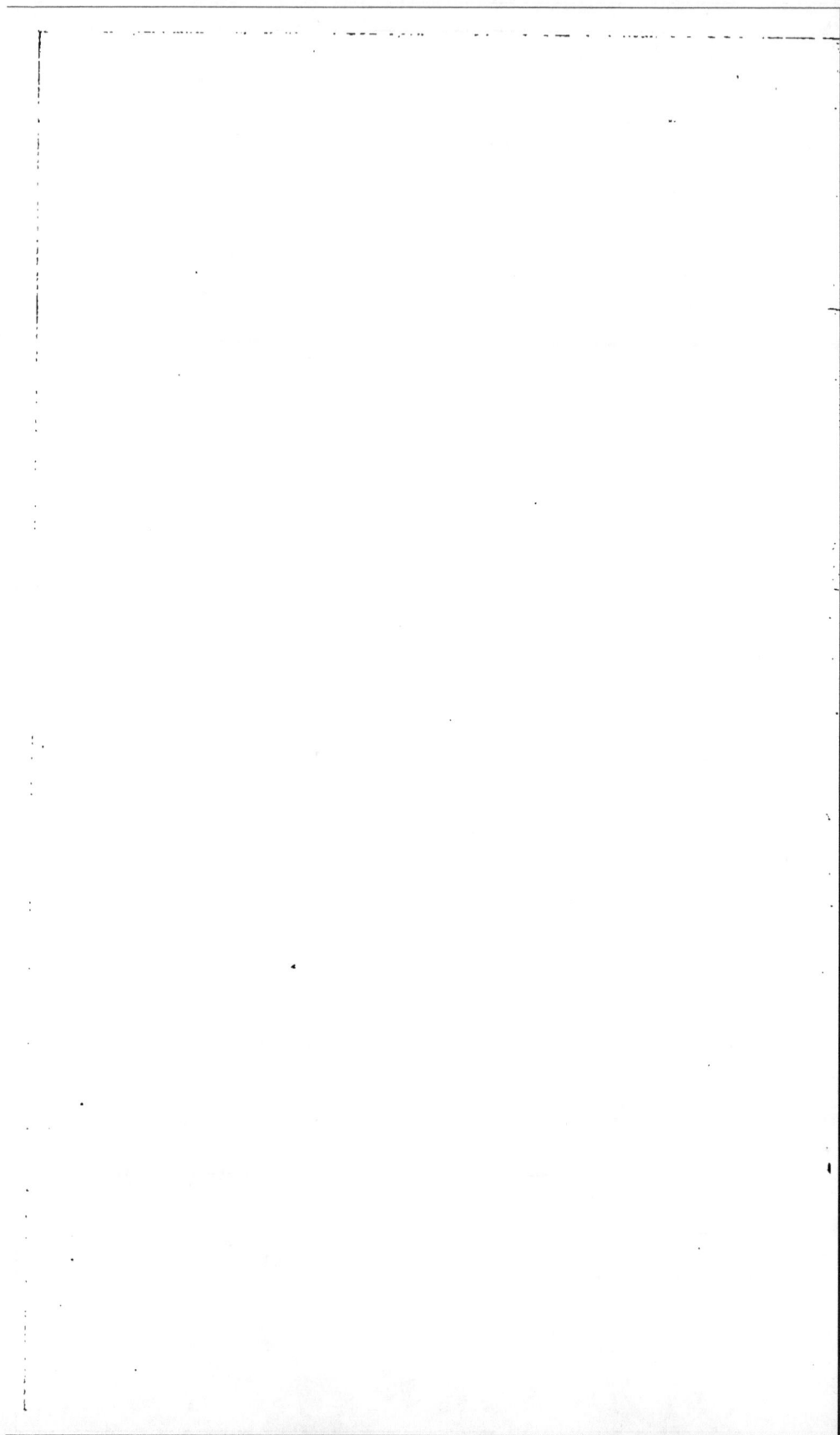

ÉMILE VALLET

PARIS. — IMP V. GOUPY ET Cᵉ, RUE GARANCIÈRE, 5.

MARIE–ÉMILE

VALLET

Mort à Amiens, le 27 décembre 1862

A L'ÉCOLE LIBRE DE LA PROVIDENCE

TENUE PAR LES PÈRES

DE LA COMPAGNIE DE JÉSUS

Quam sordet mihi tellus dum cœlum aspicio.
(SAINT IGNACE.)
Que la terre est petite à qui la voit des cieux.
(RACINE.)

IHS

PARIS

CHARLES DOUNIOL, LIBRAIRE-ÉDITEUR

29, RUE DE TOURNON

1866

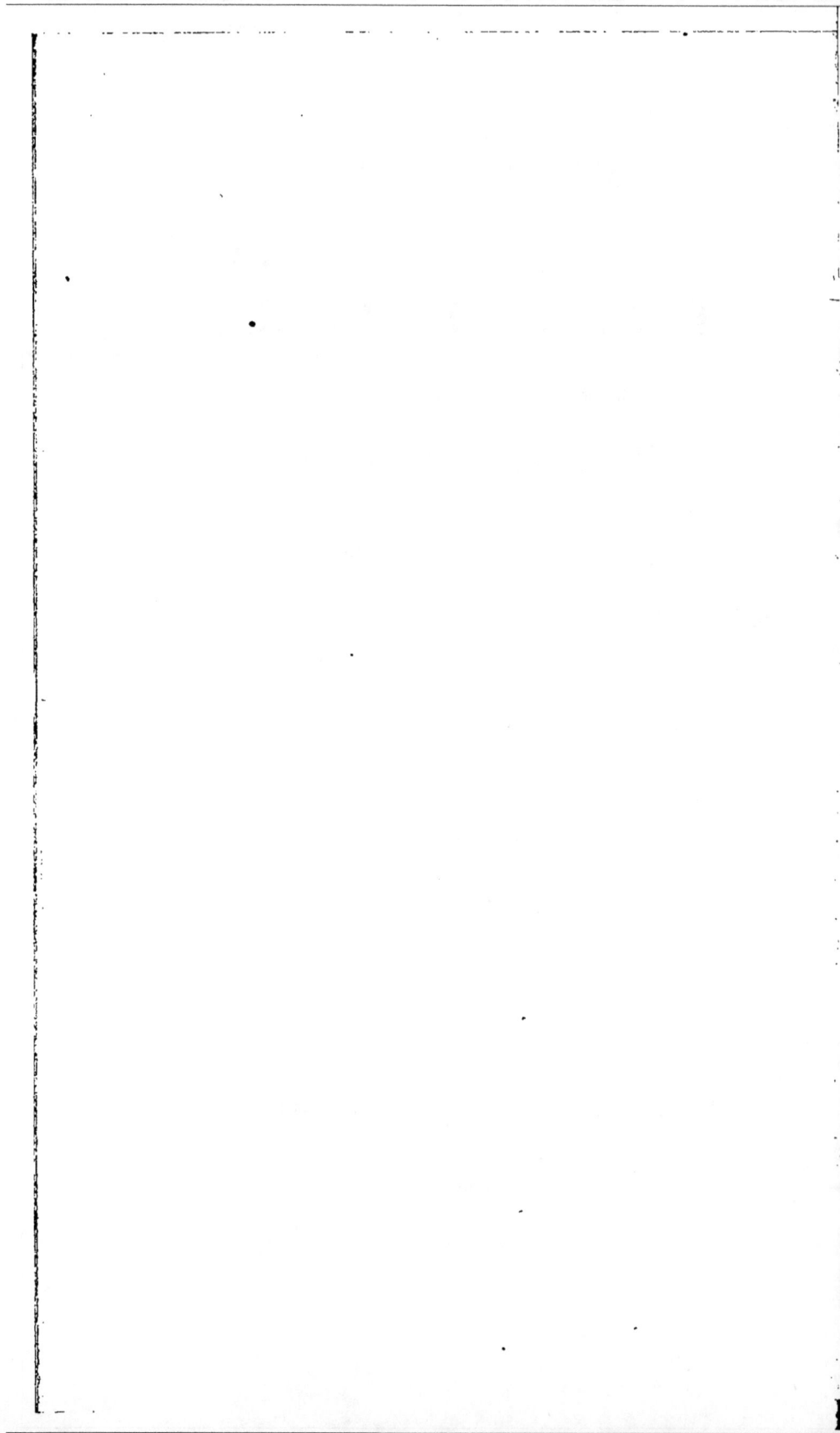

A MARIE IMMACULÉE!

———

AU BIENHEUREUX BERCHMANS!

———

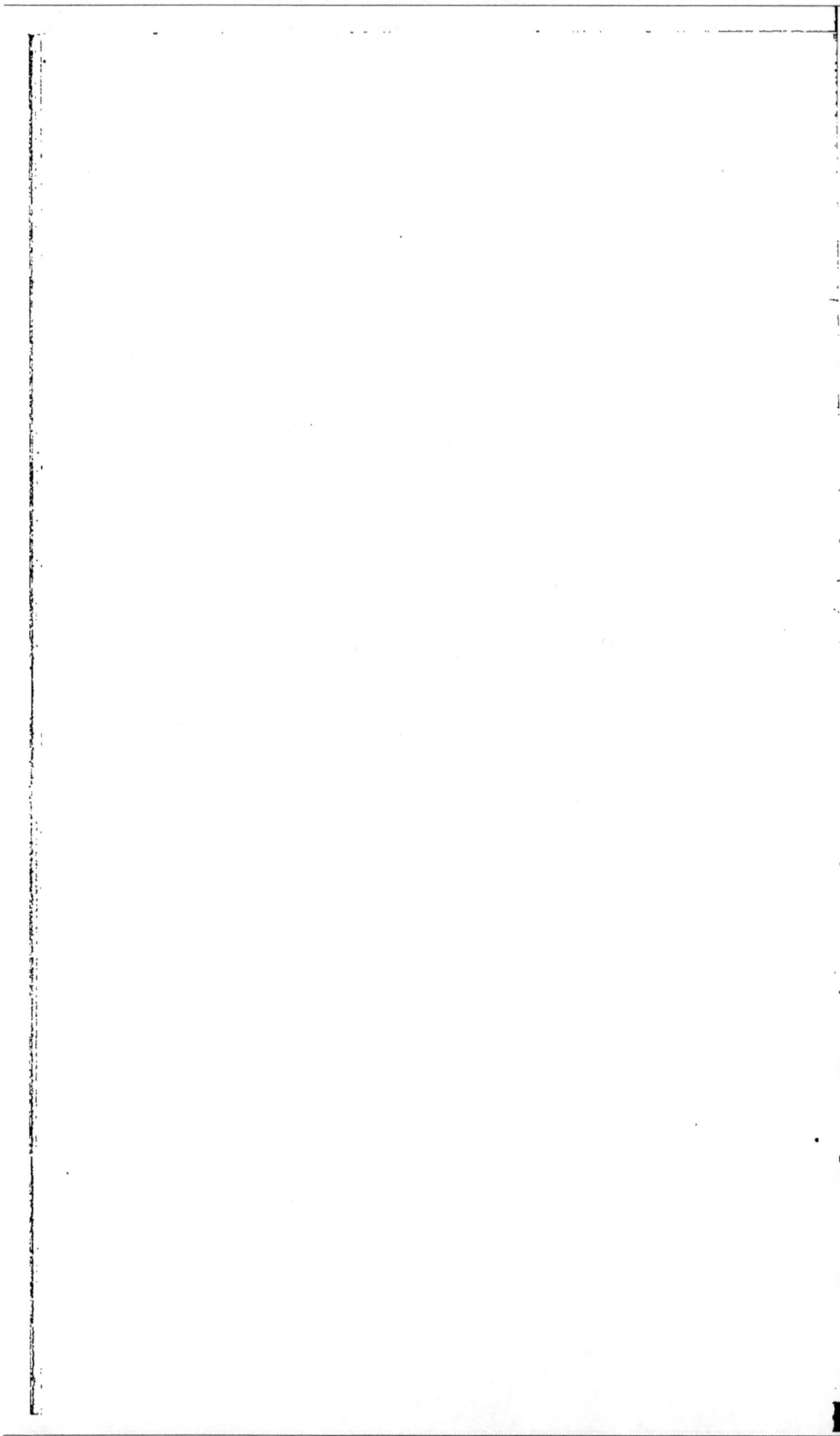

PRÉFACE

———

Il y aura bientôt trois ans, la mort ravissait comme par un coup de foudre à l'affection de tous ceux qui le connaissaient, comme à la tendresse de sa famille, celui dont nous publions aujourd'hui seulement une petite biographie.

Il est à croire qu'en trouvant dans ces pages des exemples bien admirables de la vertu la plus solide et de la piété la plus touchante, on sera tenté de s'étonner que nous ayons résisté si longtemps aux instances pressantes qui nous ont été adressées de toutes parts, de suite après la mort

1

d'Émile Vallet, pour que nous fassions connaître aussitôt une vie et une mort si pleines de saints enseignements.

Assurément, nous nous sentions fortement pressé par tant de sollicitations qui nous venaient des personnes les plus graves et les plus dignes, et qui répondaient si pleinement à notre propre inclination. Mais nous sentions aussi qu'il était prudent de ne pas céder immédiatement à nos impressions du premier moment. Nous avions à nous tenir en garde contre les conseils du cœur, et il fallait attendre que notre douleur fût un peu calmée pour juger en toute liberté d'esprit s'il était sage et utile de livrer à la publicité ce qui nous paraissait si admirable dans l'existence modeste, et en apparence si ordinaire, que nous allons essayer de retracer.

Nous ne nous sommes donc décidé à faire ce travail qu'après mûre réflexion, et nous ne regrettons pas de l'avoir entrepris si

tard, parce que, aujourd'hui, il nous semble
plus certain qu'il ne sera pas inutile à la
gloire de Dieu et au salut des âmes.

Nous ne craignons pas de l'avouer, s'il se
fût agi simplement d'ajouter une page à la
touchante histoire de tant de saints jeunes
gens qui rappellent si fidèlement les Louis
de Gonzague, les Stanislas de Kostka, les
Berchmans, par leur innocence et leur piété,
nous n'aurions pas cru bien utile d'écrire
cet opuscule. Il y a déjà un nombre considérable de ces petites histoires, assez semblables les unes aux autres, qui nous
représentent dans ces jeunes âmes, mois-
sonnées à la fleur de l'âge, une pureté si
rare et si délicate, une ferveur si extraordinaire, que ne trouvant pas dans ces âmes
privilégiées les faiblesses et les misères
de la sienne, le lecteur est tenté de les croire
plus angéliques qu'humaines, et ne pense
pas qu'il soit appelé à pratiquer une per-
fection si haute.

Ce qui nous a déterminé à faire connaître la vie et surtout la fin édifiante d'Émile Vallet, c'est qu'il est rare qu'on puisse proposer un exemple où il soit plus facile de suivre l'action douce et forte de la grâce.

Quel spectacle plus attendrissant et plus consolant que celui d'un jeune homme bien doué, qui veille et qui prie pour garder son innocence; qui a plus d'attraits que de courage pour la vertu; qui est continuellement entraîné vers le mal tandis qu'il ne cesse de marcher vers le bien; qui ne conquiert la paix de l'âme qu'à force de se combattre; qui ne craint pas d'être héroïque pour rester bon, et qui finit à dix-sept ans par demander pour lui-même, ce que la reine Blanche demandait pour son fils : la mort plutôt que le péché.

Nous devons dire, pour prévenir la critique, surtout celle des personnes qui ont connu particulièrement Émile Vallet, qu'il n'y a aucune exagération dans ce qu'on va

lire, et que nous nous sommes tenu continuellement en deçà de la vérité. Qu'il nous
suffise d'ailleurs de faire observer que, dans
tout ce que nous raconterons, il n'y aura
rien de si étonnant que les citations em-
pruntées, avec la plus scrupuleuse exactitude, à ce qui a été retrouvé de sa corres-
pondance et de ses confidences écrites.
Nous aurions pu multiplier ces citations;
mais, plutôt que de nous exposer à man-
quer à la discrétion, nous nous sommes
fait un devoir d'en restreindre considéra-
blement le nombre.

Nous déposons ces quelques pages sur la
tombe d'Émile Vallet comme un faible gage
de la vive affection que lui garderont toujours ceux qui ont eu le bonheur d'être ses
maîtres. Nous les offrons à sa famille comme
une source précieuse de consolation et de
douce espérance. Nous en faisons également
hommage au R. P. Guidée, comme un modeste anneau que nous lui demandons la

permission de rattacher dans ses mains vé-
nérables aux *souvenirs de Saint-Acheul*.
Enfin nous les présentons et nous les recom-
mandons, non-seulement aux condisciples
d'Émile, mais à tous les jeunes gens, comme
un nouvel exemple ajouté à tant d'autres,
pour leur rappeler que la lutte est de tous
les âges et la victoire aussi, et qu'on n'a
souvent, pour mériter sa couronne et gagner son ciel, que les combats et les sacrifices de sa jeunesse.

Daignent Notre-Seigneur et la très-sainte
Vierge bénir notre bonne volonté, et tous
ceux qui liront ces pages en seront édifiés.
Ils y trouveront un encouragement puissant à vivre davantage de la vie de la grâce.

ÉMILE VALLET

I

A notre entrée en ce monde, l'une des faveurs les plus précieuses que Dieu puisse nous accorder est de nous faire naître de parents chrétiens. Cette grâce de choix fut largement donnée à Émile Vallet. Avant même qu'il fût né, sa pieuse mère l'avait offert à la très-sainte Vierge, et lui avait destiné le nom de Marie. Le jour de sa naissance, 19 septembre 1846, sa première préoccupation fut de le consacrer de nouveau à la Vierge Immaculée, et la première chose qu'elle lui donna fut la médaille miraculeuse qu'il n'a jamais cessé de porter et qu'il prenait l'engagement solennel, un mois avant sa mort, de garder suspendue à son cou jusqu'au dernier soupir.

Mais surtout, comme tout est providentiel pour une mère chrétienne, et que rien ne lui échappe de ce qui peut paraître à sa foi une faveur, une grâce, ce qui fut le plus agréable à Madame Vallet, c'est que son fils naquit un samedi, le jour même de l'apparition miraculeuse de la très-sainte Vierge à deux petits bergers sur la montagne de la Salette. Elle regardait cette circonstance comme une espérance que Dieu lui avait donné un enfant de bénédiction. Lorsqu'il fut devenu grand, Émile parlait aussi de cette coïncidence comme d'un titre de gloire, il ne manquait pas de la signaler quand il avait occasion de dire son âge, et il aimait à proclamer que c'était une raison pour lui de prier Marie avec plus de con-

fiance, de la servir avec un amour plus
fidèle et plus dévoué.

Bien qu'il pût être regardé comme un
enfant de Marie, et qu'il lui fût entièrement
consacré par tout ce que nous avons déjà
dit, sa pieuse mère, voulant faire plus encore, résolut d'offrir de nouveau son enfant à la reine des Anges, par une consécration publique et solennelle. La religion
en indiqua elle-même le jour, et le 2 février
suivant, honorant ainsi le mystère de la Présentation de Notre-Seigneur, et s'unissant à
tous les sentiments qui remplissaient l'âme
de la Mère de Dieu lorsqu'elle présenta l'enfant Jésus au temple, Madame Vallet, por-
tant son jeune enfant dans les bras, vint le
déposer elle-même au pied des autels.

Cette touchante cérémonie se fit dans la
chapelle des Dames de Louvencourt. Très-
peu de personnes en furent les témoins,
mais celles qui l'ont vue, et de qui nous tenons ces détails, en furent tellement atten-

1.

dries, que près de vingt années n'ont pu en effacer le souvenir de leur mémoire et qu'elles aiment encore à le rappeler.

A tous ces titres, Émile appartenait à la très-sainte Vierge. Il ne faut donc pas s'étonner si, dès le plus jeune âge, il l'aima de l'amour le plus filial et le plus tendre, si son intelligence et son cœur goûtèrent les choses du ciel avant celles de la terre, et s'il bégaya en même temps le nom de sa mère et celui de Marie. Lorsque, dans sa plus tendre enfance, la souffrance, une contrariété, quelque petit chagrin faisait couler ses larmes, il suffisait, pour les tarir et ramener la gaîté, de lui montrer une image de la très-sainte Vierge.

Dès l'âge de deux ou trois ans, on ne le voyait pas plus empressé à rechercher les caresses de sa mère, qu'à offrir ses hommages à la Reine du ciel. Il allait plusieurs fois le jour considérer une de ses statues qui se trouvait dans une chambre de la mai-

son paternelle. Pour lui faire des prières, il
ne balançait pas à tout quitter, même ses
jeux préférés, et c'était un spectacle touchant que de voir un si jeune enfant se mettre
à genoux de lui-même, joindre ses petites
mains, et, les yeux au ciel, le sourire sur
les lèvres, faire à Marie des invocations de
sa composition qu'il répétait plusieurs fois.
Il disait le plus ordinairement : *Salut, salut,
Marie, ma Mère*, et ces autres paroles :
Priez pour moi, ma bonne Mère.

Les sentiments religieux dont Émile était
pénétré dès son enfance, grandirent avec
lui, et lui devinrent bientôt comme na-
turels. Ceux de sa famille qui voulaient se
faire aimer et rechercher de lui, savaient parfaitement qu'ils ne pouvaient lui être plus
agréables qu'en lui parlant de la beauté du
ciel, du bonheur des élus, des attributs de
Dieu, de l'enfant Jésus et des grandeurs de
Marie. Il aimait à entendre parler de la religion et il n'était pas rare qu'il sortit de la

bouche d'un si petit enfant des réflexions inspirées par le sentiment de la foi la plus vive.

En voici un petit exemple : c'était après les mauvais jours de 1848, on le conduisit voir une de ces grandes revues militaires comme on en faisait fréquemment à cette époque. Tous ces uniformes qui étincelaient au soleil, cette multitude de soldats qu'on apercevait à perte de vue, l'ordre et la beauté des évolutions exécutées à la parole, avec un ensemble merveilleux, le son bruyant des fanfares républicaines frappèrent fortement l'imagination d'Émile. Remarquant l'enthousiasme qui brillait dans son regard, sa mère lui dit : « N'est-ce pas, Émile, qu'une grande revue c'est bien beau? — Oui, sans doute, répliqua l'enfant, c'est bien beau; *mais la sainte Vierge, comme elle doit être bien plus belle!*...

On le conçoit aisément, l'honneur de servir le prêtre à l'autel fut ambitionné de bonne heure par un enfant aussi fervent, qui avait goûté dès le berceau les choses de Dieu. Aussi, la joie d'Émile fut grande quand on lui annonça qu'il servirait la messe, lorsqu'il serait capable de s'acquitter convenablement des fonctions d'enfant de chœur, qu'il est encore assez difficile de bien remplir. Les difficultés n'arrêtèrent pas Émile, elles furent même bientôt vaincues. Il ne prit plus de repos et n'en laissa plus prendre aux autres, qu'il ne sût parfaitement les prières et les cérémonies de la messe; et après une étude qui n'avait duré que deux jours, il s'acquitta pour la première fois de sa nouvelle fonction le 26 décembre 1850, en la fête de saint Étienne. Ce fut un succès complet, et les assistants ne revenaient pas de leur étonnement en voyant un si jeune enfant réciter les prières et faire les cérémonies avec tant de religion, de sang-froid et de dignité. Il n'avait alors que quatre ans et trois mois. Aussi, disait un témoin stupéfait, j'ai toujours cru que cette messe n'avait pas été servie validement.

A partir de cette époque jusqu'à son entrée au collége de la Providence, Émile ne manqua jamais un seul jour de servir la messe, même dans la saison la plus rigoureuse. Il lui en coûtait beaucoup de se lever matin, et .cependant son exactitude habituelle n'était pas souvent en défaut. Du reste, quand il lui était arrivé d'être moins exact que de coutume, il s'efforçait les jours suivants de réparer ce moment de négligence par un redoublement de vigilance et de courage.

Il avait surtout à cœur de s'acquitter de ses fonctions avec toute la fidélité possible; et pour s'assurer qu'il n'avait rien négligé d'essentiel dans l'accomplissement de son office, il aimait à provoquer de temps en temps les observations du prêtre qu'il servait ou des personnes de la sacristie.

Un jour qu'il avait omis quelque cérémonie, on lui en fit la remarque; il parut aussitôt très-reconnaissant de cet avertissement, et avant de se retirer il remercia la personne qui le lui avait donné; mais à peine fut-il sorti, qu'il sentit quelque trouble agiter sa petite conscience, il se hâta de revenir sur ses pas, tout triste et presque les larmes aux yeux, pour demander si sa négligence était un péché. On se hâta de le rassurer, mais pour lui rendre la paix et le calmer pleinement, il fallut lui donner une réponse bien motivée.

Comme on vient de le voir, la délicatesse de sa conscience fut précoce, et elle n'avait pas besoin d'être excitée pour redouter l'offense de Dieu; il suffisait que sa mère prononçât le nom de péché pour qu'aussitôt il obéît.

Il donna une preuve bien remarquable de son horreur pour le mal, lorsqu'il parut à ses parents qu'il avait assez connaissance de ses petites fautes et que le moment était venu de régler sa conscience par la pratique de la confession. Ce fut son frère qui fut chargé de le préparer à s'approcher pour la première fois du saint tribunal, et c'est de lui que nous tenons ce que nous allons dire. Après qu'il lui eut fait remarquer les fautes dans lesquelles il tombait le plus souvent, pour l'exciter au repentir, il lui mit sous les yeux une image du crucifix, et lui expliqua comment le péché était la cause de la passion douloureuse de Notre-Seigneur, et comment, par ses négligences, il avait contribué, lui aussi, à augmenter les souffrances de Jésus-Christ. A ce récit, les yeux d'Émile se mouillèrent, il pleura, bientôt il fondit en larmes, et il fallut bien du temps et des soins pour calmer cette sainte émotion, assez violente pour compromettre sa santé.

II

Émile eut, à un rare degré et dès sa plus tendre enfance, la passion peu commune des grandes et belles choses, cette exquise sensibilité qui ne se trouve que dans des natures d'élite, pour tout ce qui est noble et élevé. Les jeux de son âge l'ennuyaient au lieu de le récréer, et quand il avait reçu quelque jouet, tout son souci et tout son plaisir étaient de le briser ou de le démonter pour en connaître la matière ou en étudier le mécanisme.

Il n'avait donc que des goûts sérieux; mais surtout, comme son cœur était tout à

Dieu, il aimait de préférence ce qui était de nature à le porter vers lui ; son plus grand attrait était pour les magnifiques cérémonies du culte, et pour lui être agréable, il eût fallu le conduire à tous les offices, lui donner l'explication historique et symbolique de tout ce qui se fait à l'autel.

Cependant entre toutes les fêtes religieuses, il en est une qui avait ses prédilections, c'était celle de Noël. Il ne la célébra jamais sans redoubler de ferveur et sans donner des signes d'une dévotion toute particulière à l'Enfant Jésus.

Une des premières faveurs qu'il sollicita de ses parents, comme une récompense de sa bonne conduite, fut la permission de les accompagner à la messe de minuit. Il n'avait que cinq ans, et l'on jugea d'abord qu'il ne fallait pas prendre au sérieux ce qu'on pouvait regarder comme un caprice d'enfant. Mais il ne se laissa pas vaincre par un premier refus, il revint à la charge, et comme sa prière était toujours repoussée, il continua d'insister jusqu'à ce que ses vœux fussent exaucés. On posa pour condition qu'il irait se coucher de très-bonne heure et qu'on ne le réveillerait qu'au moment du départ. Confiant dans la parole de ses parents qui ne le trompaient jamais, Émile alla se coucher à l'heure indiquée et s'endormit paisiblement, rêvant sans doute à son bonheur.

La promesse qui lui avait été faite n'était pas dérisoire; mais le froid était grand, et quand sa mère vint pour le réveiller, elle ne put se résoudre à tirer cette innocente créature de son profond sommeil.

On alla donc à la messe de minuit sans Émile; mais au réveil, quelle déception! quelles larmes! quel vrai chagrin! Il regretta vivement d'être allé se coucher, et il résolut que, mieux avisé désormais, il attendrait minuit de pied ferme. Il tint parole jusqu'au jour où, se débattant dans les étreintes du

mal qui devait le tuer, il disait, les larmes
aux yeux, à sa mère, à son frère, à tous ceux
qui l'approchaient : « J'avais, toujours as-
« sisté à la messe de minuit depuis l'âge de
« cinq ans ; c'est une si belle fête que Noël !
« mais cette année, je ne le pourrai pas !...

Émile donna encore dans une autre circonstance une preuve non moins remarquable de son étonnant amour des cérémonies religieuses. On devait faire la transla-
tion solennelle des reliques d'une enfant
d'Amiens, sainte Theudosie, qui a souffert
à Rome pour le nom de Jésus-Christ, et
dont le corps venait d'être trouvé dans les
catacombes.

On le comprend facilement, dans une si
grande solennité, il n'y avait pas de place
pour un si jeune enfant ; il fallut cependant
en trouver une, tant Émile insista pour
prendre rang dans la procession.

On essaya inutilement de l'en détourner,
en lui représentant que la cérémonie serait

trop longue, et qu'en se trouvant dans le
cortége il ne pourrait pas en voir les beau-
tés : ce raisonnement ne réussit pas ; Émile
entraîna sa mère dans des démarches de
toutes sortes, et il fallut qu'on lui fît des
habits de clerc pour la circonstance. Il se
rendit des premiers à la place qui.lui avait
été assignée, et il ne fut pas des moins édi-
fiants : on le voyait modeste et recueilli au
milieu de la foule, et pieusement occupé
dans les rues à la récitation du chapelet et
d'autres prières.

Tel était son attrait pour les choses de
Dieu, qu'il lui arriva plus d'une fois de chercher à pratiquer des vertus pour lesquelles
les enfants les plus pieux ne se sentent guère
de penchant. Il ne se contentait pas de dres-
ser et d'orner de petits autels devant lesquels
il essayait de reproduire ce qu'il avait vu à
l'église, mais il tâchait encore de pratiquer
quelque chose de la mortification et des aus-
térités de la vie religieuse.

A l'époque de la fête mémorable dont nous venons de parler, Mgr de Salinis, alors évêque d'Amiens, fut assez heureux pour fonder dans sa ville épiscopale un monastère de religieux franciscains. Par une autorisation spéciale de l'autorité diocésaine, le couvent resta ouvert pendant deux ou trois jours et la nouveauté y attira un grand nombre de visiteurs. Ils ne furent pas moins effrayés qu'édifiés de la couchette, de la bure et de l'écuelle des enfants de saint François; il fallut même rassurer plus d'un enfant contre la peur que lui inspirait tant de solitude et de pauvreté.

Émile ne fut pas du nombre; il parut au contraire profondément touché de ce qu'il avait vu, il en parla le reste du jour et prit secrètement la résolution de mener désormais une vie moins molle. Il se mit à l'œuvre le soir même; s'étant soigneusement enfermé dans sa chambre, il jeta par terre tout ce qui lui parut de luxe dans son lit, afin de se coucher sur la paille. Mais il fut trahi par le bruit, il ne put empêcher qu'on ne pénétrât auprès de lui, et il lui fallut se résigner à dormir dans son lit comme par le passé.

Accessible à tous les bons sentiments, Émile eut toujours la plus tendre charité envers les pauvres et les malheureux. C'était pour lui un bonheur de se priver des douceurs qui lui étaient accordées et de les donner aux enfants pauvres. Il lui arrivait quelquefois de quitter ses jeux pour guêter à la porte de la maison le passage d'un pauvre. Lorsqu'il en voyait un qui lui paraissait plus misérable, il s'empressait de courir solliciter auprès de sa mère une aumône pour son protégé, et il savait en peu de mots exciter la pitié et attendrir le cœur de Madame Vallet. Il lui disait simplement, mais du ton le plus suppliant : « Maman, c'est pour un pauvre vieillard... C'est un enfant qui n'a pas de souliers... C'est pour une mère qui a de petits enfants. »

Souvent il demandait à sa mère de visiter les pauvres avec elle; pour les soulager, il renonçait à tout et il leur distribuait sans réserve le peu d'argent qu'on lui accordait pour ses menus plaisirs.

Quelques jours encore avant sa mort, il sollicitait de la charité de son frère un secours en faveur d'une famille malheureuse, et voici en quels termes touchants il lui expliquait pourquoi il avait recours à sa générosité :

« Je n'ai plus d'argent à leur donner, « disait-il, et pour une bonne raison. Tout « leur appartient et tout y passe. Ils ont « tout, capital et intérêt, et je suis toujours « ruiné. »

Ce n'était pas seulement de la tendresse qu'il avait pour les malheureux, c'était encore du respect et de la vénération. Qui n'a pas remarqué, en parcourant les promenades d'Amiens, un vieillard aveugle, à barbe blanche, qui demande l'aumône à la porte des jardins publics?

Quand on est jeune, on rit volontiers et l'on plaisante sans réfléchir. Voilà sans doute pourquoi, tout en laissant tomber un sou dans *la boîte* du pauvre vieillard, un jeune homme, qui se promenait avec Émile, fit une réflexion plaisante sur son accoutrement. Émile en fut profondément affligé, il ne put contenir son indignation, et, les larmes aux yeux, il répéta plusieurs fois avec vivacité à son compagnon : « Rire « d'un aveugle!... plaisanter un pauvre « vieillard!... mais c'est bien mal!... vous « ne le sentez donc pas, mon cher ami? « c'est très-mal! »

Mais revenons aux premières années d'Émile.

III

Comme son intelligence n'était pas moins
précoce que sa piété et sa charité; comprenant que l'éducation de la famille lui
devenait insuffisante, ses parents le confiè-
rent le plus tôt possible à quelqu'un de ces
maîtres éclairés, et dévoués qui ne reculent
devant aucune fatigue pour former leurs
élèves, même les plus jeunes, et qui savent
leur donner de bonne heure l'habitude de
la discipline en redressant doucement les
écarts de leur petite volonté et en les sou-
mettant à des exercices récréatifs auxquels
les enfants se prêtent d'autant plus volon-

tiers, qu'à leurs yeux ils ne paraissent que des jeux.

Ce qu'Émile avait été dans la famille, il le fut à la pension. Bien qu'il n'eût que huit ans lorsqu'il y entra, il en devint bientôt l'un des meilleurs élèves et quelques jours lui suffirent pour gagner tous les cœurs, ceux de ses maîtres comme ceux de ses camarades.

Il écoutait avec une attention soutenue l'enseignement de ses professeurs ; les principes les plus abstraits ne dépassaient pas sa portée, et soit qu'il répondît aux questions de ses maîtres, soit qu'il les interrogeât, ses paroles pleines de justesse et de maturité révélaient toute la droiture et la finesse de son esprit.

Il s'appliquait également à tous ses devoirs ; cependant, il manifesta de bonne heure un attrait tout particulier pour la science de la religion.

Sa lecture de prédilection était celle de

l'histoire sainte : il la préférait aux fables et
aux historiettes qui font communément les
délices des enfants. Il aimait aussi beaucoup
l'étude du catéchisme ; même plus tard, au
collége, il s'y attacha avec une sorte de passion, lorsqu'il eut entre les mains le catéchisme du bienheureux Canisius. Non-seulement il le possédait parfaitement dans sa
mémoire, mais il écoutait avec une véritable
avidité l'explication qui en était donnée. Ses
cahiers d'instruction religieuse étaient rédi-
gés avec le soin le plus minutieux et une
exactitude vraiment surprenante ; il les con-
servait ensuite précieusement, et les relisait
plusieurs fois en vacances. Nous les avons
eus nous-même sous les yeux, et nous
avons été surpris de trouver dans ce travail
d'écolier un choix d'expressions et une
exactitude théologique qui feraient honneur
à des prêtres.

A dix ans, Émile quitta ses premiers
maîtres pour entrer au collége de la Provi-

2.

dence et commencer l'étude du latin. Jusqu'à l'époque de sa première communion,
il se distingua parmi ses jeunes condisciples
par une grande piété, un courage infati-
gable et un ardent amour pour l'étude.
Ses nouveaux maîtres furent frappés
comme les premiers des qualités brillantes
de son intelligence et de son cœur, et ils
ne craignirent pas d'annoncer qu'il fallait
espérer les meilleurs résultats pour l'a-
venir.

Deux ans après son entrée au collége,
Émile eut le bonheur de faire sa première
communion dans la chapelle du collége. Il
avait tellement compris dans quelles dispositions il devait s'établir pour se préparer à
cette grande action, qu'il faillit se rendre
malade par les efforts qu'il fit pour triompher des défauts de son âge, surtout de la
dissipation. Ce fut au point que M. Vallet
écrivait, quelques jours avant la première
communion : « Je suis préoccupé de la santé

« de mon fils Émile. Il est littéralement ab-
« sorbé dans la pensée de sa première com-
« munion, si bien qu'il ne mange presque
« plus. »

La cérémonie eut lieu le 23 mai 1858, et
la messe fut célébrée par Mgr de Mérode,
le ministre des armes du Souverain-Pontife.
On s'imagine facilement qu'après une pré-
paration aussi sérieuse, ce grand jour n'a
pas manqué de produire une impression
profonde dans l'âme d'Émile. Sa pieuse
mère, qui n'avait pas cessé d'avoir l'œil
sur lui pendant toute la messe, avait remarqué avec une consolation ineffable,
son recueillement profond que rien ne pouvait troubler, son attitude modeste et religieuse, son visage angélique qui semblait
illuminé d'un reflet céleste.

Au retour de la sainte table, Émile se tint
toujours à genoux dans une grande immo-
bilité dont il ne sortait que pour essuyer les
larmes qui coulaient de ses yeux. Ce spec-

tacle avait attendri Madame Vallet, et en sortant de la chapelle, elle disait en pleurant à son tour : « Qu'Émile a donc fait une bonne « première communion ! »

Ce pieux enfant a dû écrire ses impressions sur un cahier qu'il a gardé jusqu'à la semaine qui a précédé sa mort, et qui a disparu dans une circonstance que nous raconterons plus tard. Il ne nous reste qu'une pièce de vers qu'il composa à cette époque, et à laquelle il a fait lui-même quelques changements à l'âge de quinze ans. Nous la reproduisons sans y faire aucune correction.

Mai 1858.

AURORE DU JOUR DE MA PREMIÈRE COMMUNION

Salut, aurore qui te lèves si pure !
C'est aujourd'hui, je le dis sans effroi ;
Que mon Sauveur, le Dieu de la nature,
C'est aujourd'hui que Jésus vient en moi.

Disparaissez, froids et sombres nuages,
Que l'air soit pur et le ciel soit serein.
Loin de mon cœur soient chassés les orages,
Car Dieu lui-même habitera mon sein.

Salut, aurore, onze années attendue,
Te voilà donc enfin, cessant tous mes soupirs.
Salut, aurore ! Enfin tu es venue !
Apporte-moi l'objet de mes désirs ?

Jour fortuné, que de longtemps ma mère
Me prédisait comme mon plus beau jour,
Je te salue ! et ta mémoire chère
Dans ma pensée a fixé son séjour.
Je te salue ! Aujourd'hui, je l'espère,
Je jouirai du Dieu de mon amour.

Oui, quand, hier, la parole du prêtre
De tous péchés eut purifié mon cœur,
J'étais heureux, mais seul tu pouvais mettre,
Fortuné jour, le comble à mon bonheur !

Qu'avec lenteur l'heure à l'heure s'enchaîne !...
Une minute un siècle me paraît...
Ce moment seul terminera ma peine
Qui me verra au céleste banquet.

Mais le soleil, dans sa course entraîné,
Déjà s'élève et commence le jour.

Aurore, adieu, te voilà terminée,
Aurore, adieu, je le dis pour toujours.

Nous le répétons, nous avons reproduit
ces vers, tels que nous les avons trouvés,
et s'ils ne sont pas entièrement conformes
aux règles de la prosodie, il n'en est pas
moins vrai de dire qu'ils révèlent une pré-
cocité d'intelligence peu commune.

Avant de continuer, nous devons dire
que c'est à la sainte table qu'Émile conçut
pour la première fois le projet de se consacrer au service de Dieu, à l'exemple de
son frère, qui était alors au séminaire de
Saint-Sulpice : « Aussitôt Notre-Seigneur
« dans mon cœur, lui écrivit-il, je lui ai de-
« mandé que tu sois un bon prêtre. » Et
quelques mois plus tard, il lui confiait, pendant les vacances, qu'il avait sollicité pour
lui-même d'être appelé à une aussi belle
vocation.

Ces heureuses dispositions n'ont guère

varié, bien que les apparences aient pu quelque temps laisser croire le contraire. C'est ainsi que, même à l'époque où il paraissait le plus éloigné de ces désirs de vocation ecclésiastique, et qu'il laissait entendre à sa famille et à ses amis qu'il aspirait à l'École polytechnique, il écrivait à son frère en 1861 : « Te voici diacre, et ceci nous an-
« nonce comme plus prochain l'heureux
« jour de ta prêtrise ; quel beau jour ! aussi
« beau, je crois, que celui de la première
« communion. Hier, pendant la messe, je
« me mettais à ta place, et j'examinais tous
« les beaux jours de ma vie : baptême, pre-
« mière communion, confirmation, sous-
« diaconat, diaconat, sans parler des jours
« heureux de mon enfance, de ma jeunesse
« et de mon séminaire, et je me disais : quel
« bonheur je goûte sur cette terre où tant
« d'autres sont malheureux !..... Mais j'ai
« dû me replacer bientôt dans la réalité, et
« me ressouvenir que je n'étais qu'Émile

« Vallet. Alors, je me suis mis à désirer ton
« bonheur, et cette pensée de joie, venue
« dès le matin, m'a mis en belle humeur
« pour toute la journée. »

Il faut cependant l'avouer : les années
qui suivirent la première communion ne
repondirent pas entièrement aux grandes
espérances qu'avaient conçues les parents et
les maîtres d'Émile. Soit qu'il faille l'attribuer à sa croissance qui fut pénible, soit
que la disposition de son esprit ne lui permit pas de se plier aisément aux exigences
de la vie commune, sa bonne volonté n'y
put suffire, ses bonnes résolutions non
plus, et il se sentit bientôt déchoir du
premier rang qu'il ne voulait céder à personne. Les places de compositions ne tardèrent pas à être médiocres et les notes
aussi.

Nous ne pourrons jamais rendre la lutte
qu'il engagea alors contre lui-même, et ce
qu'il révéla dès lors de vertus extraordi-

naires aux yeux de ceux qui eurent le bonheur de voir tout ce qui se passait dans
son âme. Toujours vaincu dans une lutte iné-
gale, il ne se laissa que très-rarement dé-
courager, et encore ses découragements n'é-
taient-ils pas de longue durée. Réprimandé
quelquefois par sa famille et par ses maîtres,
qui ne pouvaient naturellement attribuer
ses insuccès ou ses négligences qu'à la
mauvaise volonté ou à la paresse, il souffrait patiemment les reproches, sans mur-
murer, se contentant d'y répondre par des
promesses de mieux faire à l'avenir.

Nous avons entre les mains quelques
lettres qui feront connaître ce va-et-vient
d'efforts et de relâchement dans lequel
il est demeuré deux ou trois ans. C'est toujours à son frère qu'il écrit et qu'il fait ses
confidences : confidences si intimes et en
quelque sorte si sacramentelles que nous
ne pourrons en révéler qu'une très-petite
partie.

3

« Tu sais, lui disait-il, que j'ai en toi une
« confiance absolue, tu as été mon ami
« sincère. Et d'ailleurs, le frère est un ami
« donné par la nature, comme l'a dit un
« poëte, je ne sais plus trop lequel ; mais
« quel qu'il soit, il a dit vrai. Je te dirai
« donc, avec une entière franchise, mes suc-
« cès aussi bien que mes défaites. Je man-
« que tout à fait d'énergie, et je travaille
« maintenant à en acquérir, etc..... »

Il lui écrivait une autre fois :

« Merci bien de ta lettre, elle m'a donné à
« réfléchir et m'a fait du bien. Je t'en re-
« mercie. Le désir d'offrir des consolations
« à un si bon frère, surtout quand il souffre,
« m'encourage et me vaudra, j'espère, d'a-
« voir de bonnes notes la semaine prochaine. »

On pense bien qu'il ne tenait pas toujours
ses promesses, et que ses résolutions de-
meuraient quelquefois sans résultat. Alors,
que faisait-il ? Il avouait humblement ses

rechutes incessantes, et on va voir par un autre passage de ses lettres ce qu'il était quand son courage et sa conduite laissaient à désirer :

« Emile, le frère que tu aimes plus qu'il « ne le mérite, voudrait bien réjouir ton « cœur ; mais, hélas ! les mauvais jours ont « pesé sur lui !

« Tout cependant n'a pas été mauvais, et « il a essayé de réparer ses fautes par un « mois de sérieuse application ; cela lui a « valu de subir l'examen d'honneur ; mais « à peine tenait-il sa récompense depuis un « quart d'heure, qu'il a fallu la rendre..... « C'est que le petit étourdi avait fait du « bruit, autant et plus que les autres. Que « penser de tant de dissipation et de re- « chutes ? Est-ce donc que son grand frère « n'aurait pas prié pour lui ? »

Il n'est pas possible de n'être pas touché d'une aussi aimable simplicité : la candeur et la droiture débordent dans ces lignes où l'on retrouve toujours la pensée de la prière.

Une fois cependant, il fut tellement confus d'un insuccès tout à fait extraordinaire, que le courage de sa franchise habituelle lui manqua, et sans mentir positivement, il cacha la vérité sous des réticences et des sous-entendus qui ne permettaient plus de la reconnaître.

Comme on peut facilement le penser, quand la vérité fut connue, on se montra inexorable pour ce mensonge, car une faute commise en passant peut aisément dégénérer en mauvaise habitude si l'on n'apporte au mal un remède prompt et énergique. Le père d'Emile fut le premier à lui reprocher sa faute avec sévérité. L'enfant ne put demeurer sous le coup de la froideur apparente de son père. Rien n'est touchant comme la lettre qu'il lui écrivit pour recouvrer ses bonnes grâces! C'était vers la semaine sainte, et il n'eût garde

de ne pas profiter d'une circonstance si favorable :

« Nous sommes au temps de la miséri-
« corde, dit-il, et Notre-Seigneur était si
« bien disposé pour ceux qui le mal-
« traitaient, qu'il leur eût volontiers par-
« donné, s'ils avaient voulu se repentir; et
« bien moi, je suis repentant et je demande
« pardon. Sois donc miséricordieux, cher
« père, à l'exemple de Notre-Seigneur. Dis
« seulement cette parole du *Pater* : Pardon-
« nez-nous nos offenses comme nous par-
« donnons à ceux qui nous ont offensés ; de
« mon côté, j'appuierai sur les suivantes :
« Ne nous laissez pas succomber à la tenta-
« tion, mais délivrez-nous du mal, surtout
« de ce mal auquel j'ai eu la faiblesse de me
« laisser aller, et alors j'aurai recouvré tes
« bonnes grâces et la paix. Le bon Dieu m'a
« pardonné, voudrais-tu être plus sévère
« que lui ? »

On n'attendait même pas des excuses

aussi délicates et aussi heureuses pour pardonner Émile ; cependant il fut convenu que tout serait oublié quand il aurait fait des aveux à son frère, qui se trouvait alors à Paris. Cette condition fut pénible au cœur de l'enfant, et il lui en coûta beaucoup pour s'exécuter. Il chercha même quelque moyen d'adoucir la punition, et il parait qu'il lui sembla moins dur de s'accuser en latin qu'en français.

M. l'abbé Vallet pensa, lui aussi, que, tout en pardonnant cet écart, il fallait un peu gronder ; il fit donc à son frère une petite morale qui produisit son effet. Emile lui écrivit quelques mots pour le remercier. Nous aimons à citer textuellement ces lettres intimes, car ce serait leur ôter de leur charme que d'en supprimer les tours familiers et agréables :

« Avant de parler de la pluie et du beau « temps, et de beaucoup d'autres choses « très-intéressantes, dit-il, il faut bien te

« remercier de ta générosité, dont je ne suis
« qu'à moitié édifié. Quand une faute est
« avouée, confessée, elle doit être par-
« donnée. »

Puis, après avoir exprimé à son frère la
joie qu'il ressent de ce que les vacances du
séminaire approchent, parce qu'ils vont se
retrouver ensemble, il ajoute en terminant :

« Hâte-toi de revenir, cher frère, ta pré-
« sence me fera du bien. Encore six semai-
« nes, cela est bien long ! mais au fond, je
« n'en suis qu'à moitié désolé, tu auras ainsi
« le temps de dépouiller ta méchanceté; mes
« cheveux auront eu le temps de pousser et
« de cacher mes oreilles, que tu aurais, je
« suis sûr, une grande satisfaction de tirer
« aujourd'hui. De plus, tu dois revenir
« diacre, et je sais qu'un diacre est l'homme
« de la paix.

« Je suis de bien belle humeur, n'est-ce
« pas? Ah! c'est que les notes ne sont pas
« encore données. Cependant j'espère bien

« que j'aurai lieu de me réjouir quand je
« connaitrai les miennes. »

Comme on le voit, ses notes n'étaient pas
toujours excellentes ; même, il n'était pas
rare qu'il n'en méritât que de médiocres, et
plusieurs fois il en eut d'assez mauvaises.
On ne saurait dire quels étaient alors son
chagrin et son tourment à cause de sa
préoccupation continuelle de faire toujours
plaisir à ses parents, de les consoler et de
leur éviter tout souci et toute inquiétude à
son sujet ; aussi la seule pensée que sa conduite pourrait les affliger le jetait dans une
tristesse mortelle dont ses conversations et
ses lettres étaient pleines.

Qu'on nous pardonne de citer encore
quelques fragments :

« Je travaille bien, je suis sage, et cepen-
« dant j'ai eu de tristes notes que j'ai bien
« méritées, mais seulement à cause de pe-
« tites misères. Je me suis trouvé bien
« gauche en les entendant. Si cela ne faisait

« pas tant de peine à mes chers parents, je
« m'en consolerais facilement ; mais quand
« je pense qu'ils vont en souffrir et en être
« malheureux, je ne puis me défendre d'une
« profonde affliction, et j'ai pleuré aujour-
« d'hui comme un enfant. Ce n'était cepen-
« dant qu'une faute légère, une étourderie,
« un peu de dissipation. Ah ! si j'avais pu
« obtenir une punition, n'importe laquelle,
« même la plus rude, pour épargner ce cha-
« grin à nos bons parents !...

« S'ils allaient croire que je suis ingrat !...
« Tout cela m'accable, je n'en puis plus, et
« hélas ! il faut encore jouer et travailler...
« Heureusement que pour sortir de ces som-
« bres pensées, j'ai la bonne parole que le
« P. Royer m'a dite en partant pour la Chine :
« *Sursum corda !*

« Tu vas peut-être me dire que je me
« rends malheureux pour peu de chose.
« Sans doute, ce n'est rien, et cependant

3.

« c'est tout, puisque c'est de la peine pour
« nos chers parents. »

De telles paroles n'ont pas besoin de com-
mentaire. Elles font l'éloge de l'amour filial
de celui qui les a écrites, mieux que tout ce
que nous pourrions ajouter.

I V

Jusqu'à présent, nous n'avons montré que les dehors aimables sous lesquels Émile apparaissait à tout le monde; mais le temps est venu de faire connaître le fond même de son cœur, et de raconter quels combats il a soutenus, quelle victoire il a remportée.

En lisant ce qui suit on comprendra mieux pourquoi ses études furent quelque temps languissantes, et comment il ne restait plus à son âme épuisée en efforts héroïques pour la vertu ni assez de liberté d'esprit, ni assez d'énergie pour poursuiare ses classes avec succès.

Mais avant tout, nous sentons le besoin de rappeler que nous nous ferons un scrupule d'éviter toute indiscrétion. Ce que nous allons rapporter n'était pas connu seulement du frère et des maitres d'Émile qui possédaient toute sa confiance, mais même de ses amis, avec lesquels il lui semblait tout naturel de s'entretenir des épreuves par lesquelles il passait. Il ne pensait pas qu'il fallût en faire un mystère; et voici en quels termes il explique lui-même à l'un d'eux dans quel but il veut lui faire connaître ce qui se passe dans son âme :

« Je sais que tu es mon meilleur ami, eh
« bien ! je vais me faire connaître à toi tel
« que je suis. Tu vas savoir ce qu'il y a de
« bon et de mauvais en moi, surtout le mau-
« vais. Si moi, orgueilleux, je fais cela, si
« je m'humilie de la sorte, c'est que j'es-
« père que cette humiliation me sera très-
« profitable. »

Mais laissons encore parler Émile. Nous

n'apprendrons pas seulement de lui quels
rudes assauts satan a livrés à son àme, mais
encore et surtout comment il s'est défendu
par la prière, cette cuirasse toute-puissante,
contre laquelle viennent toujours s'émousser
les traits de l'esprit malin.

« Tu sais, écrit-il à son frère, quels com-
« bats j'ai à soutenir, et je sens un grand
« besoin de les faire connaître, ainsi que mes
« défaites. J'espère que mes aveux me vau-
« dront des grâces pour vaincre, parce que
« je suis orgueilleux et que j'ai besoin de
« m'humilier.

« J'attends donc un très-grand profit
« pour mon âme de ces confidences qui la
« déchargent de toutes ces pensées qui m'ac-
« cablent; et puis, ces confidences sont pour
« moi ce que sont des larmes pour une per-
« sonne oppressée.

« Je manque d'énergie, et je suis dévoré
« d'ennui. Je n'ai pas eu de très-bonnes
« notes dimanche, et mère croit que c'est le

« courage qui m'a manqué ! Mais voilà qu'au
« lieu de m'accuser, je m'excuse. La semaine
« prochaine, c'est mardi gras et congé; mais
« je ne veux pas sortir : une sortie de mardi
« gras, avec les dispositions dans lesquelles
« je me trouve, pourrait m'être fatale.

« Il faut que tu pries bien pour moi, car
« je suis dans une tristesse mortelle, et le
« démon qui me tente veut me persuader
« que je retrouverais la gaîté si j'essayais
« du mal. Quel sujet n'ai-je pas de m'humi-
« lier ! Dans quelle honte le souvenir de mes
« faiblesses ne doit-il pas me plonger ! mais
« enfin, le bon Dieu est si bon ! et cepen-
« dant je frémis, car si je continuais à l'of-
« fenser, et qu'il se ressouvienne de toutes
« ses miséricordes, et qu'il appesantisse son
« bras sur moi !... Sa bonté le retient en-
« core, mais enfin...

« Mais non... pas de ces pensées ! Je fe-
« rai tout, car je veux le voir et le posséder
« au ciel. Non, je ne serai pas le serviteur

« infidèle qui enfouit le talent; non, je ne
« veux pas... non ! Je quitterai ces pensées
« désolantes qui ne sont propres qu'à me
« faire du mal. Et cependant, elles sont sa-
« lutaires. Pourquoi donc au bout de quel-
« que temps finissent-elles par m'accabler
« l'esprit? par me fatiguer, par m'obséder
« si bien que je ne puis m'en délivrer ?

« Oh ! prie, prie bien pour moi. Je suis si
« faible, je ne sais pas me tenir dans le sen-
« tier glissant de la vertu. Le démon ne me
« laisse pas de trève. Même la nuit, je suis
« poursuivi par ses mauvaises pensées, je
« le retrouve jusque dans mes rêves.....
« Pourquoi, mon Dieu, ai-je tant à combat-
« tre? Pourquoi donc suis-je toujours prêt
« à me mettre sur le bord de l'abime
« pour cueillir quelques misérables fleurs
« bien fugitives, au risque de rouler dans
« les plus affreux précipices? Est-ce parce
« que vous m'avez donné une nature sensi-
« ble et attachante?

« Je le sens, je passe un moment bien
« critique. Je tournerai tout au bien, ou
« tout au mal, *Ad omnia summa natus*. Je
« joue en ce moment mon avenir, et voilà
« que je suis faible, sans aucune force pour
« résister, tout accablé ! Et encore, je suis
« dans le milieu le plus favorable. Que se-
« rait-ce si j'étais dans le monde si per-
« verti ?…

« Mais non, j'ai une belle destinée à rem-
« plir, et je n'écouterai pas les passions. Je
« serai courageux, quand même il y aurait
« autant de diables autour de moi que de
« tuiles sur les toits. Et cependant, encore
« une fois, une tentation vient si facilement
« à bout de mon courage.

« Ah ! que je voudrais être délivré des
« liens du corps pour être heureux !

« Mais auparavant, il faut lutter avec
« énergie, pousser l'ennemi l'épée dans les
« reins, pour s'affranchir de son escla-
« vage. »

Une autre fois il écrivait :

« Les tentations, le trouble, presque le
« désespoir s'emparent de moi à la fois ; et
« puis, après ces tempêtes, il se fait un
« calme plat, trop plat, qui me laisse triste
« et sans courage. Je suis poursuivi jusque
« dans mes confessions : aussitôt après,
« viennent les scrupules, un ennui profond,
« une mélancolie désolante, une grande fai-
« blesse, un dégoût sans pareil de toutes
« choses, de moi-même, de la vie. Quelle
« révolution il se fait dans ma pauvre
« âme !... Tout cela me tue, et je suis en
« proie en ce moment à un mal de tête des
« plus violents. »

Comme on peut le penser facilement, il ne
se pouvait pas qu'un pareil état n'influât
beaucoup sur la santé d'Émile, et dans l'es-
poir que la vie de famille lui serait plus salutaire, ignorant la cause cachée de cet
affaiblissement général de leur fils, M. et
madame Vallet, le prirent auprès d'eux,

pour lui faire suivre les cours du collége en qualité d'externe. Mais ce nouveau régime ne fut favorable ni à la santé ni aux études d'Émile : il y trouva même plus de dangers pour son âme assaillie à tout instant par des tentations violentes et inévitables. Aussi, bien que la vie d'interne lui fût extrêmement pénible, comme nous l'avons déjà fait observer, parce que sa nature manquait de toute la souplesse désirable, et que, d'instinct, il avait horreur des contraintes incessantes qui sont la conséquence obligée de la discipline, il ne tarda pas à désirer ardemment de rentrer tout à fait au collége.

Pour arriver à ses fins il mit tout en jeu. Il conjura ceux des pères qui avaient ses confidences et s'intéressaient à lui, de faire les démarches nécessaires auprès de ses parents; il écrivit et fit écrire par eux à M. l'abbé Vallet pour qu'il s'employât, lui aussi, de tout son pouvoir, à faire réussir son projet.

Les parents d'Émile ne demandèrent pas mieux que d'acquiescer à un tel désir qui, au premier abord, pouvait leur paraître extraordinaire; mais il était soutenu et encouragé par des maîtres en qui M. et madame Vallet faisaient hautement profession d'avoir une entière confiance.

V

Émile rentra donc au collége comme pensionnaire lorsqu'il commençait ses humanités. Ce moyen extrême fut salutaire; mais il ne mit cependant pas immédiatement un terme à la lutte :

« Quant à l'âme, elle va mieux, écrit
« Émile à son frère; il y a cependant encore
« bien de la tiédeur dans ma prière, je ne
« m'y sens pas du tout porté; mais je sais
« bien pourquoi : c'est une malice du dé-
« mon qui ne se lasse pas pour me perdre.
« Je le connais, c'est un rusé, il en veut à
« *ma peau:* mais il payera cher toutes ses

« tracasseries si, dans l'autre monde,
« j'ai le bonheur de n'être pas dans sa
« compagnie. Ce n'est qu'un monstre, et
« j'en ai bien à lui rendre pour ses vilains
« tours. »

On sent dans ces lignes que si la victoire
n'est pas complète, Émile a gagné du ter-
rain et qu'il commence à se sentir moins
tourmenté.

Écoutons-le encore :

« Pour la principale et la grande chose,
« dit-il, cela va mieux, mon cher frère, et
« le ciel soit béni d'avoir secondé mes ef-
« forts et ma bonne volonté. Je me sens
« plus fort contre la tentation, et quand je
« m'aperçois de quelque faiblesse, je me
« relève de suite.

« Pour te dire toute ma pensée : ah !
« quelle joie que d'avoir la conscience en
« repos ! Il y a une tranquillité de l'âme que
« rien n'altère, et qu'on conserve toujours,
« même au milieu des déboires extérieurs.

« Depuis longtemps, je n'avais pas goûté
« un si doux et si long repos.

« Que je suis content d'être pension-
« naire ! et quelle reconnaissance j'en ai à
« nos bons parents ! Il me semble que je
« n'ai plus rien à craindre. Que je repose en
« paix !... Aussi, rien des accidents ordi-
« naires de la vie ne peut me ravir ce bien
« de l'âme.

Une autre fois encore il écrivait avec autant d'esprit que de sagesse : « Le contenu
« de cette lettre ne vaut pas son timbre de
« vingt centimes ; mais comment veux-tu
« que je te dise du nouveau ? Notre vie de
« collége encaissée entre quatre murailles
« est si monotone qu'on n'y apprend rien...

« Mais j'ai tort de parler ainsi, puisqu'on
« y apprend à se vaincre, qu'on brise sa
« volonté, qu'on s'exerce à la vertu et au
« sacrifice. Après tout, cela est l'essentiel,
« c'est tout, et ça vaut le monde entier. »
Comme on le voit, la vertu était prise au

sérieux par Émile, et l'on se sent ému en lisant à quelles rudes épreuves s'est soumise cette jeune âme de quinze ans pour triompher des assauts de l'ennemi du salut.

Mais il faut le redire encore pour notre instruction et notre édification, si malgré la grande faiblesse et la mollesse naturelle de son caractère, le danger de l'âge qu'il traversait et la persistance des tentations, il remporta la plus douce victoire sur lui-même et sur l'enfer; c'est qu'il ne manqua jamais de recourir à ces moyens puissants qui font violence au ciel et mettent toujours en déroute l'ennemi de la paix et du bonheur des âmes. Ses grands moyens étaient la prière, la confession et la communion fréquente, la confiance en la très-sainte Vierge et en saint Joseph.

Il était comme tourmenté par le besoin de prier et de faire prier pour lui, et il était rare qu'il écrivît à quelqu'un de sa famille ou de ses amis sans réclamer leurs prières.

Qu'on nous permette encore de le laisses parler lui-même.

Une fois il écrit :

« J'ai un bien grand besoin de prières,
« mon cher ami ; surtout ne m'oublie pas, je
« t'en conjure ; sans la prière, je suis inca-
« pable de résister à la tentation. »

Une autre fois il dit : « Une mauvaise note
« m'est tombée du ciel, je dis du ciel parce
« que cette semaine j'avais bien moins prié
« que de coutume, je m'étais appuyé sur
« mes propres forces, comme si je pouvais
« me suffire à moi-même. Elles sont bien
« petites, mes forces, ou plutôt elles ne sont
« rien. Je ne prie pas, j'ai donc trébuché ;
« mais alors j'ai prié, je me suis relevé, et
« cet échec me profitera, je l'espère. »

A la veille d'un examen, il écrivait :

« Je me crois sûr de mon affaire, j'ai bien
« préparé et j'ai bien prié saint Joseph. Si je
« ne réussissais pas, ce serait donc à lui
« qu'il faudrait s'en prendre ; je me confie

« entièrement à lui; j'ai fait ce que j'ai pu,
« j'espère qu'il me fera réussir. »

Malheureusement le résultat ne répondit
pas à l'attente d'Émile, et après deux examens excellents, il en subit un médiocre
sur les matières qu'il possédait le mieux.

Voici comment il explique ce petit
échec :

« J'ai réussi dans mes derniers examens,
« mais j'ai échoué au dernier : pourquoi ?
« ah ! c'est que je me croyais si sûr de moi,
« que je n'avais pas eu recours à saint Jo-
« seph. Ah ! si je l'avais prié jusqu'au
« bout. »

Il écrit un autre jour à un de ses pères :
« Je ne suis plus aussi sage, est-ce donc que
« vous ne priez plus pour moi ? J'ai remar-
« qué que quand vous ne m'oubliez pas
« dans vos prières, je suis moins mauvais.
« Je vous en prie, je vous en conjure même
« avec instance, priez pour moi, j'en ai si
« grand besoin ! »

Il disait encore à son frère :

« Redouble tes prières pour moi, car le
« démon me harcelle et me poursuit sans
« merci, et la prière, c'est ma seule force
« et mon unique soutien.... Si cette lettre
« t'arrive à temps, je te demande une prière
« pour ma composition de demain. Je ne
« réussis que quand on prie bien pour
« moi. »

Il était rare qu'il ne rendît compte dans
ses lettres des fêtes religieuses du collége, et ses récits étaient toujours entre-
mêlés de réflexions pieuses. Voici pourquoi la lettre que nous avons citée la dernière se termine ainsi : « J'ai suivi les offices
« de la semaine sainte avec une grande at-
« tention et je les ai trouvés admirables.
« Rien ne m'a frappé comme ces paroles :
« *Ego sum vermis et non homo, opprobrium*
« *hominum et abjectio plebis.*

« Grand Dieu ! quel amour il vous a fallu
« pour que vous ayez bien voulu, à cause

« de nous, vous laisser mettre dans un pa-
« reil état ! Devant un tel excès d'amour,
« que nous sommes lâches ! Qui voudrait,
« pour l'amour de Dieu, n'être plus un
« homme, mais un ver de terre, un sujet
« d'abjection pour ses semblables ? »

Nous n'insisterons pas sur sa grande confiance en saint Joseph : comme on a déjà
dû le remarquer, il recourait à lui, avant
ses compositions, pour lui demander sa
protection. De plus, il s'était fait le propa-
gateur de son culte en cherchant dans le
collége, dans sa famille et parmi ses amis,
des associés pour une confrérie érigée en
son honneur, et il avait copié de sa main
une prière à ce glorieux patron de la bonne
mort, qu'il récitait fidèlement tous les jours
et qu'il distribuait autour de lui.

Mais nous tenons particulièrement à montrer comment Émile a vécu, comme il était
né, en véritable enfant de Marie.

VI

Émile faisait profession de la plus tendre dévotion envers la très-sainte Vierge. Il lui écrivait des lettres touchantes, et nous savons que plus d'une fois dans les réunions de l'archiconfrérie de N.-D. des Victoires, soit dans la chapelle du collége, soit à la cathédrale, le prêtre a lu, du haut de la chaire, de ses prières à Marie, qui pénétraient de dévotion ceux qui les entendaient.

Les fêtes de la sainte Vierge étaient toujours pour lui une époque de renouvellement et de ferveur.

4

Il écrivait à son frère, à la fin de novembre 1860 :

« Voici que nous venons de célébrer la
« fête de la Présentation, et déjà approche
« la belle fête de l'Immaculée Conception.
« Quel admirable mystère ! Avec quelle pu-
« reté on doit se préparer à communier en-
« core ! Il faut que ce soit un jour de
« triomphe sur l'enfer. »

On le voit, il savait entrer parfaitement dans l'esprit des fêtes de Marie, et elles n'étaient pas sans résultat pour lui, puisqu'elles le portaient à pratiquer une vertu plus grande.

Il lui arriva un jour de perdre son scapulaire et de rester quelque temps sans ce saint habit. Il ne tarda pas à en avoir une véritable douleur, et sa résolution fut bientôt prise. Il alla trouver son confesseur pour lui demander de lui donner de nouveau ce saint habit, et il voulut que ce fût avec toutes les cérémonies d'usage, bien qu'il

sût que cela n'était pas nécessaire. Il prit
une semaine pour se disposer convenablement à cette cérémonie, et le jour arrivé,
il s'y prépara par une bonne confession et
une fervente communion. Puis au moment
marqué, il se rendit à la chapelle de la congrégation où il avait donné rendez-vous à
son confesseur; mais avant que de recevoir le scapulaire, il déposa sur l'autel une
consécration de sa composition, dont nous
allons citer quelques extraits touchants :

« O ma mère, je me prosterne à vos pieds,
« et vous demande pardon pour toutes les
« offenses et injures que je vous ai faites
« de toutes façons, directement ou indirec-
« tement.

« Je rétracte mon impardonnable et trop
« longue insouciance, et je vais reprendre
« ce saint habit qui est la marque de vos
« enfants. De plus, ô ma Mère, comme je
« ne suis qu'un indigne pécheur, je m'a-
« bandonne complétement à votre bonté et

« à votre tendresse maternelles. Je vous
« demande pardon et rétracte à l'avance
« tout ce que je pourrai jamais faire qui
« puisse vous offenser. Enfin, pour répa-
« rer toutes les fautes que j'ai commises
« jusqu'ici, je vais faire une pénitence aussi
« dure et aussi longue que ma santé me le
« permettra. Ainsi soit-il. »

A la suite de cette consécration, nous en
placerons une autre non moins touchante
qu'il a écrite de son sang. On y sent le souf-
fle d'une âme ardente et généreuse que la
tentation avait fortifiée, et plus fortement
trempée dans la vertu :

« Avant de me consacrer à vous, ô Vierge
« sainte ! j'ai voulu me confesser. Je sors
« donc du saint tribunal, et j'espère bien que
« tous mes péchés m'ont été pardonnés, et
« il me semble que je suis digne de vous
« parler.

« Recevez donc, Sainte Mère, l'offrande
« que je vous fais de tout mon être. Oui, je

« me consacre à vous comme un enfant, je
« m'attache à vous comme un esclave qui
« veut ne jamais vous quitter.

« Et vous, ô Marie, continuez, je vous en
« conjure, de me garder et de me protéger.
« Vous avez tant fait pour moi ! Cesserez-
« vous maintenant ? Non, j'en suis certain,
« jamais vous ne m'abandonnerez, et tou-
« jours je vous serai fidèle. Oui, cet engage-
« ment est solennel.

« Je jure à vos pieds de toujours vous
« servir comme il convient à un serviteur,
« à un fils dévoué et fidèle. Oui, plutôt mourir
« que de jamais vous abandonner.

« Je me dévoue et me consacre entière-
« ment à vous, ô Marie, comment pourriez-
« vous m'abandonner ? Je suis à vous tout
« entier, à vous seule et pour toujours. En
« toutes circonstances, je montrerai que
« vous êtes ma mère, je vous honorerai d'un
« culte tout particulier, je serai votre fidèle
« serviteur, et je ferai, pour vous prouver

« mon attachement, beaucoup d'actes de
« piété et beaucoup de sacrifices.

« C'est sur mon honneur que je m'y en-
« gage, je serai toujours fidèle chevalier de
« Marie. Plutôt mourir que de jamais vous
« abandonner. Je reconnais et déclare que
« ce n'est point par un simple mouvement
« de piété que je fais cette consécration et
« contracte cet engagement, mais que c'est
« en vue de ma faiblesse, comme de la re-
« connaissance que je vous dois pour toutes
« vos bontés à mon égard.

« De plus, ô Marie, je vous demande, pour
« votre gloire même, de diriger et de proté-
« ger mes études, puisque je suis entière-
« ment consacré à vous et que je dois me
« dévouer à votre service.

« Votre serviteur et enfant pour la vie et
« pour l'éternité.

« ÉMILE VALLET. »

VII

La tournure de son esprit si net et si précis, son aptitude remarquable pour les sciences exactes, l'ambition de faire de fortes et brillantes études, la séduction d'un bel avenir avaient d'abord déterminé Émile à faire tous ses efforts pour arriver à l'École polytechnique, s'il n'était pas appelé au sacerdoce.

Mais la lutte que le ciel et l'enfer s'étaient livrée dans son cœur, les dangers qu'il avait courus, les efforts qu'il avait dû faire pour ne pas se laisser aller aux abîmes, l'horreur du vice qu'il avait entrevu, le charme de la vertu à laquelle il s'était attaché, la recon-

naissance et la dévotion envers la Très-Sainte
Vierge, qui l'avait conduit si heureusement
au milieu des écueils, l'amour ardent de
Notre-Seigneur Jésus-Christ, dont était em-
brasée son âme, avaient fixé complétement
ses goûts et arrêté le cours de ses idées.

Il avait senti s'allumer en son cœur des
aspirations plus nobles et plus pures, la
passion des âmes s'était emparée de lui, et il
avait résolu de devenir apôtre pour les con-
quérir à Jésus-Christ.

Il s'arrêta d'abord à la pensée d'entrer au
séminaire, mais il ne tarda pas à prendre une
autre résolution avec l'approbation de ceux
qui avaient la direction de sa conscience. Plus
l'enfer multipliait les épreuves, plus son courage grandissait ; il résolut donc enfin, pour
mieux assurer le salut de son âme et travailler plus efficacement à la gloire de Dieu,
d'entrer dans un ordre religieux qui se con-
sacrerait aux missions étrangères.

Au moment même où il venait de prendre

ce parti généreux, la divine Providence permit que deux des pères du collége auxquels il était tendrement attaché fussent envoyés dans les missions de la Chine.

Aussitôt que la nouvelle de leur départ fut répandue dans la maison, les élèves s'en attristèrent, et cette séparation leur fut très-pénible. Émile éprouva un sentiment bien différent, et comme il débordait d'émotions, il eut hâte, pour vider le trop plein de son cœur, d'écrire à son frère qui avait connu les deux religieux :

« Quelle belle, quelle touchante, et aussi
« quelle triste cérémonie nous venons de
« voir! Nous avons eu hier un départ de
« missionnaires pour la Chine. Tu connais
« trois des pères qui sont partis... J'avais
« été informé de la nouvelle, et j'ai pu avoir
« un entretien particulier avec le Père Royer.
« Il m'a laissé un souvenir sur lequel il a
« écrit : *Courage et persévérance. Ad majora*
« *natus sum.* C'est une prédiction que mes

« vœux se réaliseront un jour, je le sens.
« Je ne puis que souhaiter à cet excellent
« père de souffrir un jour le martyre; et
« pour le cas où la chose arriverait, j'ai
« pris mes précautions pour avoir des re-
« liques : j'ai donc coupé un morceau de sa
« ceinture. Il ne s'en est pas aperçu, bien
« entendu. »

Lorsque ces généreux missionnaires furent partis, Émile traça ses impressions sur
un portefeuille que nous gardons comme un
trésor. La discrétion ne nous permet pas de
les reproduire complétement, mais ce qu'on
va lire paraîtra certainement admirable.

« Mille pensées différentes me remplissent
« l'âme : l'amour, le regret, l'admiration
« les désirs, les résolutions. Amour vif pour
« Dieu et puis aussi pour ces vaillants mis-
« sionnaires qui, inspirés et soutenus par
« Celui qui est mort sur une croix, vont par
« zèle pour la conversion des infidèles à *trois*
« *mille lieues* de leur pays, en Chine, où ils

« ne trouveront que des souffrances, et peut-
« être la mort.

« Oui, ils mourront de la mort des mar-
« tyrs. Je la leur souhaite! et leur sang prou-
« vera aux peuples étonnés qu'il n'y a qu'un
« Dieu pour donner un tel courage et de
« pareilles forces à des hommes. Que ce
« dévoûment est beau! Que je voudrais en
« être digne! Eh! puissé-je y arriver! c'est
« le plus ardent désir de mon âme. O mon
« Dieu! donnez-moi l'espérance d'un sem-
« blable dévoûment!

« Ah! que je regrette mes péchés qui
« pourraient m'empêcher d'aller, moi aussi,
« un jour, annoncer à ces peuples infidèles,
« au péril de ma vie, qu'il n'y a qu'un seul
« Dieu, qu'il est sévère, qu'il est juste, qu'il
« est bon.

« O mon Dieu! je déplore mes péchés
« dans toute l'amertume de mon âme, et je
« vous conjure de me les pardonner. Pour
« les expier je ferai des pénitences, et puis

« j'irai en Chine pour faire connaître et ai-
« mer votre bonté souveraine à ces peuples
« qui vous ignorent.

« Je leur dirai comment, de pécheur en-
« durci que j'étais, je suis devenu fidèle
« serviteur de mon Dieu, et quand ils en-
« tendront le récit de vos bontés et de vos
« miséricordes, ils viendront à vous.

« Quel bonheur si je pouvais amener des
« âmes dans le bercail de notre doux et bon
« Sauveur !

« O chers Pères qui nous quittez, dites à
« ces peuples de l'extrême Orient, que ce
« Dieu, qui a inspiré votre courage et qui le
« soutiendra, en inspirera et en soutiendra
« d'autres encore qui, quoique bien indi-
« gnes d'une aussi belle destinée, serviront
« peut-être aussi à racheter des âmes et à
« les arracher au démon.

« Ah ! que je souhaiterais de mourir mar-
« tyr; mais je me suis rendu indigne d'une
« aussi grande faveur.

« Adieu, chers Pères, que votre traversée
« soit heureuse, pour que vous annonciez
« ensuite la bonne nouvelle aux peuples
« vers qui vous êtes envoyés.

« Que votre dévoûment est admirable!
« Vous quittez patrie, famille, biens, amis,
« pour des hommes que vous né connaissez
« pas, dont la langue est si barbare et les
« mœurs si étranges, qui vont vous tra-
« quer comme des bêtes fauves, vous qui
« seuls leur apportez la vie.

« Mais, tant de sacrifices ne vous coûtent
« pas. Vous avez appris au pied de la croix
« ce que valent les âmes : le sang d'un
« Dieu!... Et cette âme si précieuse, si no-
« ble, si belle, qui a un prix infini, je la
« donnerais à de viles créatures? je l'aban-
« donnerais aux plaisirs, je la livrerais aux
« passions, je la vendrais à Satan, ce roi de
« ténèbres et de corruption? Oh! non, non,
« jamais!!!

« Ce n'est pas toi, Satan, c'est vous, ô

« mon Dieu, mon maître, mon sauveur,
« mon roi, mon père, qui l'aurez. Non, Sei-
« gneur, jamais mon âme n'appartiendra à
« votre ennemi. Retire-toi, Satan, Jésus a
« racheté mon âme, il l'a rachetée de son
« sang, elle sera à lui sans réserve. Tous tes
« efforts seront inutiles. Je suis avec Jésus,
« je suis fort.

« Oh ! oui, divin Sauveur, je le jure, je
« vous aimerai toujours, je vous servirai
« toujours, je combattrai toujours pour
« votre nom, vous serez avec moi et je
« serai toujours victorieux. Je veux vivre
« désormais sans vous offenser, mon bon
« Père et mon bon Maître.

« Je renonce à Satan, à ses pompes et à
« ses œuvres, je m'attache à vous pour tou-
« jours ; et, si vous m'en faites la grâce, je
« serai missionnaire, moi aussi, et j'irai en
« Chine.

« *Sursùm corda !* »

Ces réflexions sont datées de la fète de saint Joseph, du 19 mars 1861.

Six mois plus tard, M. l'abbé Vallet fut ordonné prêtre.

Cette nouvelle circonstance donna à Émile une occasion toute naturelle de parler, de nouveau, à son frère de sa préoccupation de se donner lui aussi tout à Dieu.

C'est pourquoi il lui écrivait alors :

« Je le sens, le bon Dieu le veut, je dois
« me consacrer entièrement à son service.
« Mon tour viendra donc, et un jour, je
« l'espère, je dirai, moi aussi, ma première
« messe. En attendant, je servirai la tienne.
« C'est un honneur que je ne céderai à per-
« sonne. N'est-ce pas Boileau qui a dit
« exprès pour la circonstance :

« Pour soutenir les droits que le ciel autorise
« Abîme tout plutôt, c'est l'esprit de l'Église. »

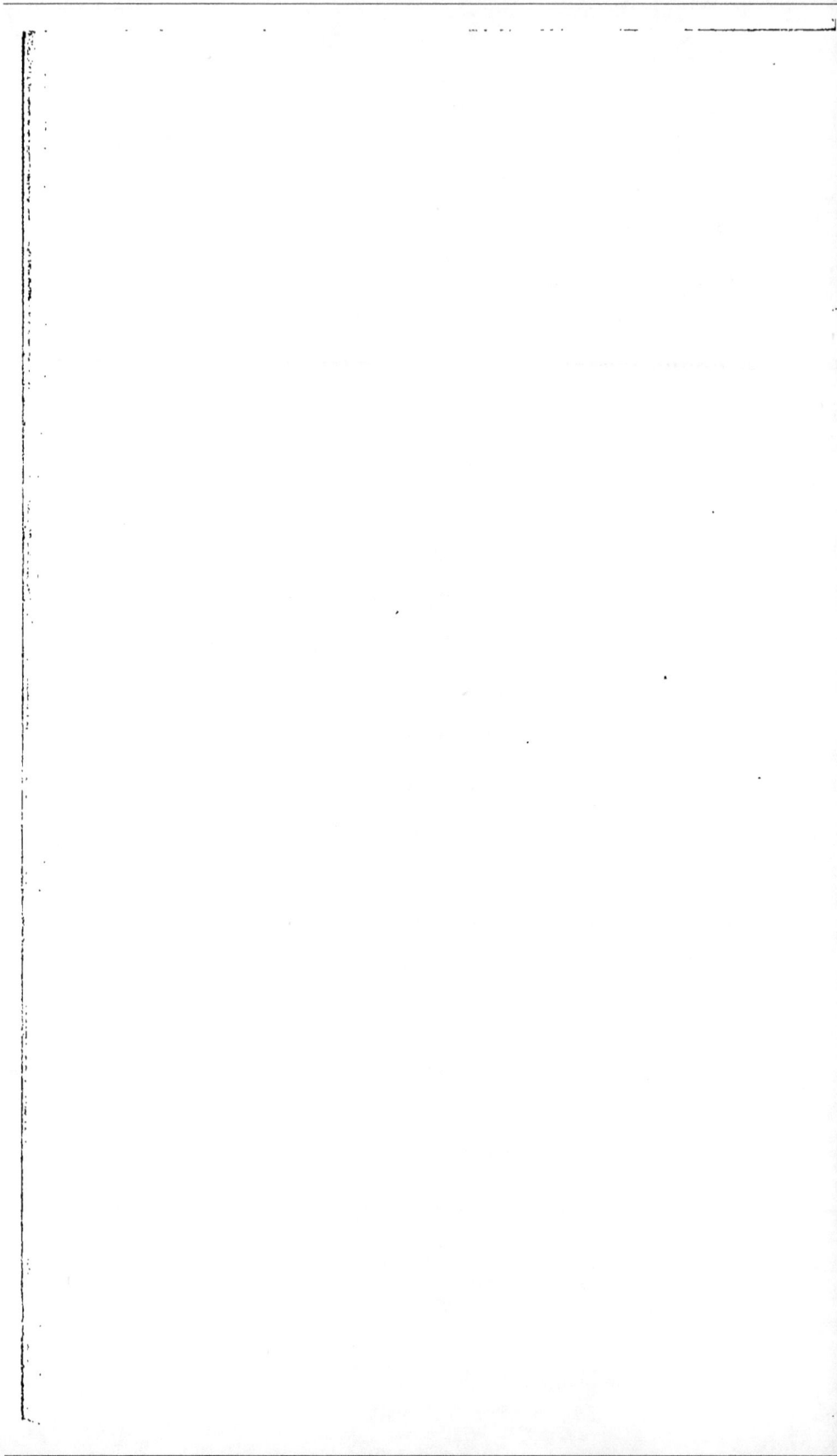

VIII

Émile avait fait plus de la moitié de ses
humanités quand il sentit enfin approcher
le terme de la crise laborieuse que nous
avons essayé de dépeindre. Il se fit aussitôt
en lui un grand changement. Avec le calme
et la paix de l'âme, il retrouva toute la liberté de son intelligence et toute son énergie pour le travail. Et c'est surtout alors
que son talent se révéla tout entier et fixa
l'attention de ses professeurs.

Ils furent frappés de l'étendue, de l'élé-
vation et de la finesse de son esprit, de la
justesse de ses appréciations, des ressour-

5.

ces étonnantes de son imagination riche et brillante, mais aussi délicate et sûre, de sa sensibilité profonde, exquise, facile à émouvoir par ce qui était vraiment noble et beau, et surtout de la pureté de son goût littéraire. Il avait une telle horreur pour l'exagération, qu'il contenait parfaitement la fougue naturelle de son talent, et qu'on aurait peine à trouver un seul trait de jeunesse dans les petites compositions qu'il a laissées.

D'ailleurs, cette sage modération et cette retenue parfaite, qui étaient le cachet de son talent, étaient aussi le trait dominant de sa conduite. D'un caractère aimable et enjoué, il était toujours gai et souriant; mais sans se laisser jamais aller aux rires bruyants. Il aimait beaucoup à plaisanter, il le faisait même avec ses professeurs comme avec ses condisciples, mais c'était toujours avec tact et convenance, et personne ne se trouvait jamais blessé par ses critiques souvent très-

spirituelles, parce que leur malice, toujours
agréable, était, de plus, tempérée par beaucoup de bonté.

Mais, pour mieux apprécier encore le
changement merveilleux opéré par la grâce
dans l'âme d'Émile, il nous reste à l'observer
un instant pendant ses dernières vacances,
celles qui suivirent ses humanités. Car, dans
une grande maison d'éducation chrétienne,
où tous les exercices se font en commun et
où la piété est en honneur, il est difficile de
remarquer les élèves qui ont un attrait spé-
cial pour les choses de Dieu. Pendant les
vacances, au contraire, les jeunes gens étant
livrés davantage à eux-mêmes, peuvent s'a-
bandonner plus librement à leurs penchants
et à leurs goûts, tandis que les parents, de
leur côté, sont très-attentifs à rechercher en
quoi l'année écoulée a modifié le caractère
et les habitudes de leurs enfants.

Quant aux parents d'Émile, ils ne tardèrent pas à constater la transformation com-

plète et vraiment étonnante qui s'était opé-
rée si rapidement dans leur fils.

Il n'avait plus de goût pour les plaisirs de
son âge, tout son temps et toute son ardeur,
il les donnait à des occupations sérieuses.
Il se levait matin pour aller servir la messe;
la sainte messe entendue, il restait à l'église
près d'une demi-heure pour lire dévotement
et à genoux un chapitre de l'Évangile ou de
l'Imitation. De retour à la maison, il employait le reste de la matinée à des lectures
instructives ou à la composition de petites
poésies qui n'ont pu être retrouvées.

L'après-midi, le temps qu'il ne consacrait
pas à la promenade, il l'employait à lire des
livres d'apologie chrétienne, d'histoire ecclésiastique ou de vies de saints. Il lut ainsi
entre autres ouvrages : l'*Histoire de la Compagnie de Jésus*, celle de *saint François
Régis*, et surtout avec une application particulière la *Vie de Notre-Seigneur Jésus-Christ*,
par le P. de Ligny; et pour se faire une idée

plus exacte des lieux et des circonstances, il avait sous les yeux un plan de Jérusalem et une carte de Palestine.

Il faisait ainsi de la vie de Notre-Seigneur une étude sérieuse afin de mieux comprendre l'Évangile. Car il avait pour ce livre divin une admiration bien rare dans un jeune homme de seize ans. Il prenait souvent plaisir à en citer à son frère des chapitres entiers dont la beauté l'avait frappé.

Vers le soir, il ne manquait jamais de faire une visite au très-saint Sacrement dans la chapelle de son collége qu'il affectionnait beaucoup. N'était-ce pas d'ailleurs pour lui une occasion de plus de voir les Pères qui avaient ses confidences sur ses projets d'avenir? Qu'il serait intéressant le récit de ces conversations intimes et naïves où il leur ouvrait son âme sans déguisement, et leur demandait avec une pieuse inquiétude si l'on voudrait bien le recevoir dans la Compagnie de Jésus!

Le cœur d'Émile était donc tout entier avec les Pères du collége : aussi, ce lui fut une joie véritable de voir arriver la rentrée des classes. Ses parents, à leur tour, se réjouissaient dans l'espérance que cette nouvelle année ne ferait que fortifier des dispositions aussi excellentes. Ils étaient loin de penser que cette jeune âme, mûrie avant l'âge, devait être bientôt moissonnée, et que leur enfant, grand, robuste, plein de santé, arrivé au terme de sa croissance, ne devait plus vivre que quelques mois, le temps nécessaire à la grâce pour achever son œuvre, et donner à une vertu si précoce une parfaite maturité.

IX

Pendant les six semaines qui s'écoulèrent entre la rentrée des classes et la retraite annuelle, Émile fut encore meilleur écolier que par le passé : il se montra plus pieux et plus laborieux, plus aimable envers ses condisciples, plus attaché à ses maîtres, et c'est ainsi, qu'en accomplissant plus fidèlement ses devoirs ordinaires, il se rendait plus digne des grâces extraordinaires qui lui étaient réservées pour l'époque de la retraite.

Cette retraite, fut prêchée par un homme de Dieu, le R. P. Millériot ; elle s'ouvrit le 10 novembre 1862 et dura cinq jours.

Il serait difficile de dire quelles saintes et profondes impressions elle produisit sur Émile, si l'on n'avait pas retrouvé après sa mort un petit cahier sur lequel il avait noté jour par jour, heure par heure, tous les sentiments qui se pressaient dans son âme.

Après avoir résumé les instructions du Prédicateur, dans des analyses rapides, mais parfaitement exactes, et très-correctement rédigées, il laisse aller sa plume aux inspirations de sa piété, et il indique, en quelques paroles vives et brûlantes, ses pensées et ses résolutions.

Nous regrettons que l'étendue de ce pieux journal, qui ne compte pas moins de quarante pages, ne nous permette pas de le reproduire en entier ; mais, au moins, nous voulons en citer quelques passages.

Émile déclare, à la première page, qu'il entre en retraite avec les meilleures dispositions, et comme le Prédicateur, en ouvrant les exercices, avait dit qu'il fallait se convertir

en combattant son défaut dominant, il écrit
le sien en toutes lettres et le souligne. Il écrit
également les moyens qu'il va prendre pour
le combattre, puis il ajoute : « La retraite va
« donc me donner la vertu, et c'est la vertu
« qui donne le bonheur—la joie la plus ar-
« dente éclate dans mon âme. »

Dès le second jour il écrivait :

« Je comprends de mieux en mieux la
« nécessité d'être saint. »

On voit par une autre réflexion que le
sermon sur la nécessité du salut lui avait
fait une très-grande impression : « car,
« dit-il, j'en suis très-convaincu, il n'y a que
« servir Dieu et mériter le Ciel qui soit né-
« cessaire. »

Dans le cours de la journée, il constate
qu'il persévère dans ses bonnes dispositions, et surtout que la méditation sur le péché
lui est très-salutaire. Eclairé, touché par la
grâce, il conçoit pour lui la plus vive horreur, il se reproche de ne l'avoir point haï

comme il mérite de l'être, « et quand on ne
« le hait pas assez, dit-il, on y tombe. Je
« le sais, hélas ! trop bien. O regret amer !…»

C'est pourquoi, il jure de n'y plus retom-
ber ; et, après avoir rapporté les paroles de
la reine Blanche à son fils, il s'écrie : « Moi
« aussi, ô mon Dieu, je vous en conjure,
« si je devais commettre un seul péché mor-
« tel, accordez-moi la grâce de mourir…..
« Oui, j'ai le péché en horreur, en exécra-
« tion….. Si je le haïssais bien, je serais un
« saint….. O mon Dieu, je vous en prie,
« accordez-moi la grâce de le haïr souverai-
« nement, divinement….. Vous voyez mon
« cœur, faites donc que je meure dans des
« tourments affreux plutôt que de pécher.
« Je vous en supplie, o Dieu bon, accordez-
« moi cette grâce de ne jamais vous offen-
« ser, mais de mourir plutôt dans des sup-
« plices atroces….. Je vais m'y préparer.
« N'est-ce pas, mon Dieu, que vous m'en
« accordez la grâce ? »

Ce serait une erreur de penser que ces sentiments admirables ne furent que passagers. Chaque jour de la retraite ne faisait, au contraire, que les rendre plus parfaits.

Voici les réflexions écrites à la suite d'un sermon sur la miséricorde, le 13 novembre, jour de la fête de saint Stanislas Kostka : « O mon Dieu ! vous m'avez attendu « jusqu'à ce jour, c'est ce qui me prouve vo- « tre bonté. Aussi, je le jure, sur le corps sa- « cré de votre divin Fils, je ne veux plus « avoir qu'un désir, celui de vous ser- « vir.....

« Vous avez patienté, votre miséricorde « m'a attendu jusqu'à cette heure, mais m'at- « tendra-t-elle encore longtemps? Mon jour « n'est-il pas arrivé?....

« Ah! que je demeure toujours pénétré « des grandes et douces vérités qui nous « sont prêchées dans cette retraite..... « Qui sait, c'est peut-être la dernière?..... « oui, mourir bientôt !.....

« Peut-être demain... Qui sait?... Pour-
« quoi pas aujourd'hui ?

« Oui, mon Dieu, aujourd'hui, ce soir, vous
« voyez mon cœur, c'est pour vous pos-
« séder éternellement. O Dieu de miséri-
« corde, écoutez ma prière. Et vous, ô saint
« Stanislas Kostka, je vous en conjure, au
« nom de Dieu lui-même, *faites tant* auprès
« de lui que je meure aujourd'hui, jour de
« votre fête, si je dois jamais l'offenser.

« Vous savez que c'est sincèrement que je
« vous prie. Cependant, que la sainte vo-
« lonté de Dieu soit faite, s'il lui plaît mieux
« que je vive pour le servir et lui gagner des
« âmes. Mais je ne veux pas vivre pour l'of-
« fenser ! »

C'est encore le même sentiment qu'il
exprime le lendemain après sa confession.

« Enfin, dit-il, j'ai reçu la sainte absolu-
« tion : la joie la plus ardente éclate dans
« mon âme. J'ai la paix du cœur, je suis en

« grâce avec Dieu. O bon Jésus, que je suis
« heureux! votre grâce habite en moi. Oh!
« puisse-t-elle y habiter toujours!

« La grâce de mon Dieu est dans mon
« cœur..., je suis en état de grâce, moi qui
« méritais de si grands supplices!

« Je crois entendre les concerts, des anges
« qui se réjouissent de mon retour.

« O grâce de Dieu, c'est votre œuvre.
« Merci, merci de cette retraite. Elle peut,
« oui, elle peut bien être la dernière pour
« moi. O mon Dieu! faites que je la fasse
« bonne, très-bonne. »

Émile indique ensuite qu'après s'être con-
fessé il a fait le chemin de la croix, et qu'il
en a retiré de grandes grâces.

Puis il ajoute :

« O mon bon Sauveur! que vous avez
« souffert pour me procurer ce contente-
« ment intérieur que je ressens! A quel prix
« ne l'avez-vous pas acheté? O mon Dieu!
« que je suis ingrat! »

Le jour suivant il épanche encore son
âme :

« O mon Dieu ! quand je pense que je suis
« dans votre grâce, et que c'est par le Cal-
« vaire que vous me l'avez méritée ! Que ce
« mystère est incompréhensible ! O vous,
« qui êtes à la fois Créateur et Rédempteur,
« je vous en conjure, accordez-moi de de-
« venir un saint pour méditer éternellement
« au ciel le mystère de la croix. »

Émile puisait ces sentiments si admirables dans la pratique du Chemin de la croix
qu'il faisait à la chapelle, tous les jours de la
retraite, avec une telle ferveur que ses condisciples, ses maîtres et plusieurs personnes
de la ville en furent attendris.

Il nous apprend lui-même qu'il retire de
grandes grâces de ce saint exercice, qu'il le
fait chaque jour pour obtenir la contrition
la plus parfaite, et qu'il le fait une seconde
fois la veille de la clôture de la retraite :
« pour expier, dit-il, une impatience qu'il a

« eue lorsqu'un de ses condisciples — qu'il
« nomme — lui a marché sur le pied pen-
« dant la récréation. »

Voici ce qu'il ajoute : « O mon Dieu ! que
« vous avez souffert pour moi ! En méditant
« votre passion, je pensais à votre corps ado-
« rable défiguré, horrible, quand on l'a des-
« cendu de la croix, et je me disais : Ce même
« corps, ce corps sanglant, il est dans l'Eu-
« charistie, et c'est lui que je recevrai de-
« main matin. Je le recevrai, non-seulement
« tel qu'il était sur le Calvaire, mais plein de
« vie, avec sa divinité, avec son sang, le
« même sang qui a coulé pour mon salut. O
« Dieu ! faites que je vous reçoive bien digne-
« ment. »

Le lendemain matin, dans la joie et le
transport de son âme possédée par la grâce,
il s'écriait :

« Il n'y a que la sainte communion de
« vrai au monde ! Et nous ne devons désirer
« que cela : avoir faim de Dieu ! Il n'y a que

« Dieu sur cette terre et dans l'autre vie ; pour-
« quoi chercher autre chose ? O Jésus ! que
« je désire me nourrir de votre divine chair !
« Quoi ! il veut bien venir à moi, ce Dieu ! et
« que je le mange, moi, pauvre pécheur !...
« Il s'incarne en moi, Jésus du Calvaire !... »

C'est, sans doute, après avoir écrit ces réflexions, qu'il composa, avant de se rendre à
la chapelle, pour la messe de communion, la
prière déjà bien connue et gravée sur sa
tombe, qu'il porta sur son cœur en allant à
la sainte table :

« *O mon Dieu ! ô mon divin Sauveur, que*
« *je vais recevoir, que je vais manger... Sang*
« *plus beau, plus pur que la rosée, sang qui*
« *va me rafraîchir, accordez-moi, je vous en*
« *conjure, deux grâces : celle d'être saint, et*
« *celle de mourir avant que de commettre le*
« *péché mortel.*

« *Oui, Seigneur, que je meure de suite !...*
« *à vos pieds !... C'est sincère, vous le*
« *savez !...*

« *O mon Dieu, le ciel!...* »

Quelle dut être fervente la communion faite dans de tels sentiments, et que Notre-Seigneur dut prendre ses délices de descendre dans un cœur si généreux et si brûlant, qu'il demandait de mourir plutôt que de l'offenser!

Après la communion, Émile écrivit seulement ces quelques lignes :

« Je jouissais d'un grand bonheur. Oh!
« que j'étais heureux! Non, je ne veux pas
« des cruels plaisirs de Satan. Ils n'appro-
« chent pas de ceux que goûte une âme tran-
« quille. »

Le cahier, duquel nous avons détaché ces différentes pages, se termine par une touchante prière à la très-sainte Vierge. Émile s'engage à porter toujours fidèlement la médaille et le scapulaire, et à réciter tous les jours le chapelet en entier et le *Memorare.*

Enfin, pour bouquet spirituel de la retraite, il adopte la devise de saint François

Xavier : *Vince te ipsum*, qui se traduit pour lui dans l'énergie pour le devoir.

Il serait difficile de dire ce qu'Émile apporta de vigilance sur lui-même, et ce qu'il fit d'efforts soutenus et inouïs, depuis la clôture de cette retraite jusqu'à sa dernière maladie, pour exécuter cette résolution énergique, à laquelle il pensait que son salut éternel était attaché. Pour ne pas perdre le souvenir de ses pieuses impressions, et pour les entretenir dans toute leur ferveur, il les relisait chaque fois que ses occupations le lui permettaient ou qu'il devait s'approcher du tribunal de la pénitence. C'est ce que ses condisciples avaient remarqué, et ce qu'il a noté lui-même sur un agenda.

Faut-il s'étonner, après cela, que ses maîtres lui aient rendu, après la mort, ce glorieux témoignage, que depuis sa retraite il avait observé si fidèlement le règlement, qu'il n'avait pas été trouvé une seule fois en défaut ?

Qu'on nous permette maintenant, avant
de dire quelques mots des derniers moments
d'Émile, de revenir sur la prière qu'il avait
faite à Dieu avec une sincérité si touchante
et une instance si vive de mourir bientôt.

Depuis cette prière, Émile eut la persua-
sion intime qu'il ne vivrait plus longtemps,
et c'est ce qu'il dit plusieurs fois en termes
si formels, avec un tel accent de conviction
profonde, qu'on est tenté de croire aujour-
d'hui qu'il avait reçu du ciel l'assurance de
sa fin prochaine. A son dernier congé du
mois de décembre, il répondit à deux reprises différentes aux questions qui lui
furent faites sur ses projets d'avenir, une
première fois par Madame Vallet, une seconde fois par M. l'abbé, qu'il était inutile
d'y songer, parce qu'il ne vivrait pas jusqu'à dix-sept ans; et, comme s'il eût eu le
pressentiment que le moment était venu
de faire ses préparatifs avant de mourir,
comme s'il eût connu qu'il se trouvait

pour la dernière fois dans la maison paternelle, il voulut, avant d'en sortir, brûler lui-même un nombre assez considérable de petits cahiers de poésies, de retraites ou de confidences spirituelles, auxquels il tenait cependant beaucoup. Et, comme il avait laissé au collége la clef de la boite qui les contenait, plutôt que de ne pas livrer au feu ces papiers intimes, qui n'avaient été lus qu'à une ou deux personnes, il se détermina à ouvrir la boîte de force et à la briser.

Disons encore qu'une de ses dernières occupations, chez ses parents, fut de dessiner sur la muraille du jardin les lignes d'un cadran solaire au-dessus duquel il écrivit : *Ultra non* 1862. Assurément, ce n'était pas une prophétie qu'il voulait faire ; mais enfin qui eût alors soupçonné qu'en traçant ces simples mots, Émile marquait le terme même de sa vie? et qu'il allait bientôt succomber sous l'action d'une fièvre cruelle et foudroyante?

X

Ce fut seulement le 23 décembre, au soir, qu'Émile cessa de suivre les exercices de la vie commune et qu'il fut obligé de se coucher. Mais il ne faudrait pas croire qu'il n'a commencé à être malade, que ce jour-là. On constate, au contraire, sur l'agenda dont nous avons parlé, qu'il souffrait, depuis la retraite, de violents maux de tête et de gorge, qu'il dormait peu et que, depuis un mois, il ne lui avait pas été possible d'aller à la promenade.

Peut-être alors eût-il été facile d'étouffer à son origine le germe de la maladie qui nous

6.

l'a enlevé. Mais Émile ne parlait à personne de son indisposition dans la crainte de céder trop facilement aux exigences de la nature ; et il est mort probablement victime de la résolution qu'il avait prise, à l'époque de la retraite, de combattre sa mollesse et de déployer la plus grande énergie contre lui-même, pour ne pas faiblir à l'endroit du devoir.

Cette cruelle maladie, dont le germe avait été si longtemps contenu, éclata avec une telle violence que les médecins ne tardèrent pas à manifester les plus vives inquiétudes.

Aussitôt que la triste nouvelle fut connue, les parents et les maîtres d'Émile accoururent auprès de lui, comme autant de témoins choisis par la divine Providence pour le voir s'endormir du sommeil des justes.

En effet, à quelque moment qu'on s'approchât de lui, on le trouvait toujours calme, patient, résigné, avec un sourire d'ange sur les lèvres, bien qu'il ressentît dans la tête

des douleurs extrêmement aiguës, et qu'il
fût brûlé par une fièvre si dévorante que
son corps paraissait se consumer comme un
charbon.

Au milieu de ses cuisantes douleurs,
Émile ne laissait pas échapper une plainte,
et ne témoignait pas une impatience. Il ne
parlait jamais le premier de ses souffrances,
se contentant de répondre simplement aux
questions qui lui étaient adressées. Il fallait
même, pour qu'il consentit à prendre les
soulagements prescrits par les médecins,
qu'on l'en priât au nom de la très-sainte
Vierge.

Pendant sa maladie, il parla très-peu, en
trois ou quatre circonstances seulement, et
encore, il ne sortit de sa bouche que des
paroles édifiantes. Ce fut, dès le début,
pour demander qu'on attachât devant lui
un grand crucifix à la muraille. Ce fut, à
deux ou trois reprises, comme nous l'a-
vons déjà rapporté, pour dire, les larmes

aux yeux, à sa mère, à son frère, à son confesseur, tout le chagrin qu'il éprouvait d'être privé pour la première fois d'assister à la messe de minuit.

Dans un autre moment, comme on lui demandait s'il se soumettait de bon cœur à tout ce que le bon Dieu voudrait de lui, comprenant de suite qu'il s'agissait du sacrifice de sa vie, il répondit en souriant *qu'il l'avait fait depuis longtemps déjà.*

Enfin, il parla encore pour répondre lui-même aux prières pendant l'administration des derniers sacrements, et pour faire son acte de consécration à la très-sainte Vierge.

Il n'est pas possible de décrire la joie dont il fut inondé quand il apprit qu'on le recevait dans la Congrégation, bien que ce ne fût pas encore le temps marqué par le règlement. Il aurait voulu prononcer lui-même son acte de consécration; les forces lui manquant, un Père dut le dire à sa place. Mais, en entendant ces pro-

messes qu'il avait déjà faites si généreuse-
ment à Marie de ne vivre que pour elle, et
de mourir dans son seul amour, Émile parut comme transporté hors de lui-même et
son visage devint tout illuminé.

Après chaque engagement, qu'on prenait
en son nom, il ajoutait avec force et vivacité :
« Je le promets. »

A partir de ce moment, il parut tout ab-
sorbé dans de saintes pensées : ses yeux ne
quittaient plus le crucifix qui avait été placé
devant lui, et en le regardant il ne cessait de
sourire. De temps en temps, il prenait pour
la baiser amoureusement une croix assez
grande qu'il portait suspendue au cou depuis la retraite, et que ses condisciples
avaient remarquée. Il arriva plusieurs fois
que, pour lui venir en aide, quelques personnes voulurent la prendre pour la porter
à ses lèvres ; mais, aussitôt qu'il s'en apercevait, il se hâtait de la saisir lui-même de sa

main défaillante et il l'embrassait avec plus d'amour.

Dès qu'il apprit le malheur qui allait frapper l'école libre de la Providence et la famille d'Émile Vallet, Mgr Boudinet, toujours si tendre et si délicat dans ses affections, voulut tempérer par sa présence un chagrin si amer, en apportant sa bénédiction à notre jeune malade. A la vue du vénérable prélat, Émile fit un grand effort pour se découvrir la tête et se tenir sur son séant, mais les forces lui manquèrent. Alors, il voulut au moins faire le signe de la croix en recevant la bénédiction du saint évêque, mais ce fut difficilement et bien lentement que sa main tremblante put tracer le signe de notre Rédemption.

Après cette heureuse visite qui avait rempli de consolation tous les assistants, Émile ne dit plus rien que ces saintes aspirations qu'il répéta aussi longtemps que ses forces le lui permirent :

Jésus, Marie, Joseph, priez pour moi !...
Mon Dieu, je vous aime beaucoup.

Et quand sa poitrine haletante ne rendait
plus que des sons inarticulés et étouffés,
ses lèvres continuaient à s'agiter et à leur
mouvement, il était facile de reconnaître
qu'il voulait dire encore : *Mon Dieu, je vous*
aime beaucoup.

On le voit, il conserva sa connaissance
jusqu'à la dernière limite, dans une maladie
qui l'ôte presque toujours dès le début.

Après cette lutte terrible qu'on appelle
l'agonie, lutte affreuse entre la vie et la mort,
à seize ans, dans un corps vigoureux, au
moment où la vie allait lui échapper, Émile
revint à la connaissance un instant, le temps
de se reconnaître et de chercher des yeux
le crucifix. Il le regarda une première fois,
il le regarda une seconde fois, puis il s'endormit dans le Seigneur, le sourire sur les
lèvres.

Le 27 décembre venait de commencer;

c'était un samedi, jour envié pour la mort par les bons chrétiens. C'était aussi en la fête de saint Jean l'Évangéliste, le disciple fidèle de l'amour et de la croix, l'enfant privilégié de Marie.

Dès le matin, on connut dans la maison cette désolante nouvelle. Tous d'abord se laissèrent aller à la consternation et aux larmes ; mais bientôt on se sentit consolé en se racontant les uns aux autres les détails que nous venons de rapporter.

On se rappela comment Émile avait été l'édification de ses condisciples depuis la dernière retraite, on devina une grâce particulière dans une mort si soudaine et si précipitée, et ces heureux soupçons ne tardèrent pas à être pleinement confirmés quand on trouva la prière que l'on connait et les pages admirables dont nous avons donné les principaux passages.

Dès lors, l'impression fut aussi sainte et aussi salutaire qu'elle avait été douloureuse.

Instruits par cet événement des merveilleuses miséricordes de Dieu, les condisciples d'Émile, sans s'être concertés, coururent trouver leur confesseur; et le lendemain, bien qu'on ne fût qu'à trois jours de Noël, ils approchèrent tous, sans exception, de cette table sainte où Émile avait mangé avec tant de fruit le pain qui donne, pendant la vie, la force pour lutter; et, après la vie, l'immortalité qui fait régner avec Jésus-Christ.

Les funérailles eurent lieu le soir de ce même jour. Elles ressemblaient moins à un deuil qu'à un triomphe. Tout leur donnait un air de fête : cette chapelle qui était restée parée de ses décorations en l'honneur des Saints Innocents et de la solennité du dimanche; ce cercueil caché sous les fleurs, les couronnes et les lis, et porté par des frères de la Compagnie de Jésus; ces coins du poêle tenus par des jeunes gens; tous ces congréganistes et tous ces religieux qui se

7

pressaient autour du cercueil comme s'il eût
contenu les restes du meilleur des frères;
cette longue procession de tout un collége
de quatre cents élèves; ce nombreux cortége
composé des représentants les plus distin-
gués du clergé et des meilleures familles de
la ville; ce qui se disait dans les rangs des
qualités, des vertus et des circonstances extraordinaires de la mort d'Émile; cette foule
enfin silencieuse et recueillie sur le passage
du convoi : tout donnait de la solennité à cette
lugubre cérémonie. On eût dit que le chagrin
ne pouvait trouver place autour de ce cercueil, sur lequel cependant les larmes
avaient si bien le droit de couler !.....

Le corps d'Emile Vallet repose au cime-
tière de la Madeleine à Amiens. On lit sur
une croix de pierre toute simple, qui lui
sert de mausolée, la prière ardente et généreuse qu'il composa un mois avant sa
mort et qui se termine ainsi :

« Seigneur, accordez-moi la grâce d'être

« saint et celle de mourir avant de com-
« mettre le péché mortel !.....

« Oui, Seigneur, que je meure de suite !
« à vos pieds !.....

« C'est sincère, vous le savez !.....

« O mon Dieu, le ciel !!! »

On a bien fait de graver simplement ces belles paroles sur le signe du salut. Elles resteront comme l'explication surnaturelle de ces tristes mots : *Mort à 17 ans !* Elles prêcheront, plus éloquemment que toutes les épitaphes pompeuses, la vanité et le néant des choses de ce monde, et la vérité des biens éternels, à tous ceux qui, sans être des parents, des condisciples ou bien des maîtres d'Émile, sentent le besoin de s'age-nouiller en passant et de méditer, quelques instants, sur cette tombe qui a enseveli tant d'espérances pour ce monde, mais sur la-quelle il en repose de si grandes pour le ciel.

X I

Plusieurs mois avant sa mort, à l'occasion du décès d'un de ses amis, Émile avait crayonné sur son portefeuille une petite élégie qui s'applique si bien à lui-même, que nous la reproduisons ici :

A LA MORT D'UN COMPAGNON D'ÉTUDES

O mort! jusques à quand ta faux impitoyable
    Tranchera-t-elle dans nos rangs?
Faudra-t-il donc toujours que ce qui est aimable
    Succombe, à peine en son printemps?
Il n'avait pas seize ans, entrait dans sa jeunesse,
    Quand, cruelle! tu l'enlevas......
Si, dans ce bas séjour, ton caprice nous laisse,

Qui sait quand tu nous faucheras?.....
Mais insensé, pourquoi ces vaines larmes?
Quel sort est plus beau que son sort?
Pour un séjour heureux, il laisse les alarmes,
Je dois donc dire : heureuse mort!
Oh! oui, heureuse mort, car aujourd'hui les anges
Se réjouissent dans les cieux.
Des Essarts maintenant entonne les louanges
De l'Éternel. O sort heureux!.....
Des célestes parvis, prix de ton innocence,
Où maintenant tu es puissant,
Abaisse les yeux sur ceux que ton enfance
Avecque toi vit *grandissant.*

XII

Bien que nous ayons écrit cette notice avec l'intention de ne parler que de la *vie spirituelle* d'Émile Vallet, nous avons pensé cependant qu'on nous saurait gré de placer ici son dernier travail littéraire, qu'il avait composé pour être lu en séance publique d'académie, et que la mort ne lui a pas permis de revoir et de corriger. C'est une élégie française dont l'inspiration a été puisée dans le récit que Josèphe nous a laissé de la prise de Jérusalem.

Nous n'en doutons pas, on la lira avec intérêt comme elle a été écoutée avec émotion et applaudie lorsque, un mois après la mort d'Émile, elle a été interprétée avec succès par un de ses amis devant un auditoire nombreux et choisi.

Assurément, nous ne la donnons pas comme un chef-d'œuvre, mais on y trouvera tout ce qui révèle un vrai talent, de fortes conceptions, du sentiment, des traits excellents, de l'imagination, de l'élégance et de la hardiesse dans le tour.

ÉLÉGIE FRANÇAISE.

TITUS SUR LES RUINES DE JÉRUSALEM

Toi, dont le nom frappa si longtemps notre oreille,
Parais!... Où donc es-tu?... du monde la merveille!
Réponds!... Où sont tes tours et leurs créneaux altiers,
Où sont tous tes enfants, où sont tous tes guerriers?
Où trouver de David la cité florissante?
Je cherche!... et je ne vois qu'horreur et qu'épouvante.
Au lieu de contempler tes remparts orgueilleux,
Dont le faite semblait défier jusqu'aux cieux,
Je ne découvre plus de tes gloires passées,
Que des débris noircis, des pierres dispersées.
Comme le vent qui fuit emportant mes soupirs,

De même ont disparu tes fêtes, tes plaisirs.
Rien ne dévoile plus ton antique origine ;
Il ne reste de toi qu'un monceau de ruine.

Quelle voix te frappa de malédiction ?
Quelle main te couvrit de désolation ?
L'olivier, le palmier sur tes coteaux fertiles
N'étendent plus leur ombre, et tes champs sont stériles !
Pleurant sur tes débris, il n'est plus qu'un cyprès !
Du ciel sont accomplis les rigoureux décrets.
C'est en vain que voulant prévenir ta disgrâce,
Je t'offris le salut. Tu méprisas la grâce !
Toi-même fis entrer le trépas dans ton sein,
Tu te donnas la mort avec ta propre main.

Mais toi, temple d'un Dieu terrible en sa colère,
Es-tu resté debout ? Ton sacré sanctuaire
N'a-t-il pu de ton Dieu désarmer la fureur,
N'a-t-il point suspendu le bras du destructeur ?
D'un vainqueur irrité les farouches cohortes
Ont-elles profané ton enceinte et tes portes ?
De la Divinité tes augustes autels,
S'ils ne sont plus témoins de rites solennels,
Du moins, de quelque prêtre offrant des sacrifices
Ne reçoivent-ils plus des fruits et des prémices ?
Réponds !... dans les échos je n'entends que ma voix.

Hélas ! c'est que la ville et le temple à la fois
Sont frappés de la mort et réduits en poussière !
De l'aurore, jamais l'agréable lumière
N'annoncera le jour où la Religion
Réunissant les Juifs de toute nation,
Les voyait aux autels consacrer les prémices,
Faire fumer l'encens, immoler les génisses.
En ces lieux, autrefois au culte consacrés,
Retentissait la voix des oracles sacrés.
Mais aujourd'hui !... d'un Dieu les arrêts redoutables
Y répandent des maux, des maux irréparables :
Le temple renversé, les autels abattus,
Des stigmates de mort, ces coteaux revêtus,
Voilà, voilà comment la céleste puissance
Sait punir des humains la superbe insolence.
Un aveugle bandeau leur a voilé les yeux,
Ils ont osé braver la colère des cieux,
Ils se sont élancés dans la route des crimes,
Ils se sont faits bourreaux, ils tombèrent victimes :
Vous avez allumé le courroux d'un vainqueur ;
Et, pour tant de forfaits, vous trouvez un vengeur !
Une ville, où l'enfance attaque la vieillesse,
Le crime la vertu, les haillons la noblesse ;
Une ville, où tout est confondu, perverti,
Doit, à l'heure marquée, en recueillir le fruit.
Le jour était levé, cette heure était venue ;
La désolation du ciel est descendue.

Contemplant de tes murs la force, la grandeur,
Tu crois, peuple orgueilleux, éviter ton malheur!
Si contre eux ne peut rien, ni bélier ni machine,
Ils céderont quand même à la force divine
Qui seule arme mon bras.

                    J'en atteste les dieux,
J'en atteste ma foi, le nom de mes aïeux :
Je ne suis pas l'auteur de ce destin sinistre,
Je ne fus d'un grand Dieu que l'aveugle ministre.
O Juifs! peuple maudit! Je voulus t'épargner,
Un Dieu le défendait, tu ne pus échapper!
C'est en vain qu'ordonnant de conserver ton temple,
Je joignis à la voix la force de l'exemple :
La colère divine en allumant ses feux
Voulait les étouffer dans le sang des Hébreux.
Ils avaient trop souillé leur ville criminelle;
Elle devait mourir d'une mort éternelle.
Non, ce n'est pas en vain que l'enfant au berceau
Dans le cœur de *sa mère* trouve un cœur de bourreau;
Que du temple sacré l'auguste sanctuaire
Se vit changé soudain en un affreux repaire.
A la nature, au Ciel, il fallait un vengeur!
C'est moi qui fus choisi; ministre de rigueur,
Je n'eus qu'à m'approcher... la divine vengeance
Allait humilier ta coupable arrogance.
Le temps était venu d'abattre ta fierté,
Et de punir enfin ta longue impiété.

J'ai frémi! J'ai frappé!... cette ville maudite
Fut par le feu vengeur en un instant détruite.
Ses restes maintenant abritent des serpents,
Qui déchirent les airs de tristes sifflements;
Des animaux cruels la troupe sanguinaire
Sous ces marbres rompus établit son repaire.
De Sion les débris convertis en tombeaux,
Donnent ample pâture aux sinistres oiseaux.

Mais pourquoi si longtemps d'une terre flétrie
Souiller nos pas?... Fuyons!... La ville anéantie,
Pour abîmer des Juifs jusques au souvenir,
Il reste encore un sol qui pourrait s'entr'ouvrir!

PARIS. — IMP. V. GOUPY ET Cᵉ, RUE GARANCIÈRE, 5